L&PMPOCKETENCYCLOPAEDIA

Anjos
Uma breve introdução

Série **L&PM**POCKET**ENCYCLOPAEDIA**

Alexandre, o Grande Pierre Briant
Anjos David Albert Jones
Bíblia John Riches
Budismo Claude B. Levenson
Cabala Roland Goetschel
Capitalismo Claude Jessua
Cérebro Michael O'Shea
China moderna Rana Mitter
Cleópatra Christian-Georges Schwentzel
A crise de 1929 Bernard Gazier
Cruzadas Cécile Morrisson
Dinossauros David Norman
Drogas Leslie Iversen
Economia: 100 palavras-chave Jean-Paul Betbèze
Egito Antigo Sophie Desplancques
Escrita chinesa Viviane Alleton
Evolução Brian e Deborah Charlesworth
Existencialismo Jacques Colette
Filosofia pré-socrática Catherine Osborne
Geração Beat Claudio Willer
Guerra Civil Espanhola Helen Graham
Guerra da Secessão Farid Ameur
Guerra Fria Robert McMahon
História da escrita Andrew Robinson
História da medicina William Bynum
História da vida Michael J. Benton
Império Romano Patrick Le Roux
Impressionismo Dominique Lobstein
Inovação Mark Dodgson & David Gann
Islã Paul Balta
Jesus Charles Perrot
John M. Keynes Bernard Gazier
Jung Anthony Stevens
Kant Roger Scruton
Lincoln Allen C. Guelzo
Maquiavel Quentin Skinner
Marxismo Henri Lefebvre
Memória Jonathan K. Foster
Mitologia grega Pierre Grimal
Nietzsche Jean Granier
Paris: uma história Yvan Combeau
Platão Julia Annas
Pré-história Chris Gosden
Primeira Guerra Mundial Michael Howard
Relatividade Russell Stannard
Revolução Francesa Frédéric Bluche, Stéphane Rials e Jean Tulard
Revolução Russa S. A. Smith
Rousseau Robert Wokler
Santos Dumont Alcy Cheuiche
Sigmund Freud Edson Sousa e Paulo Endo
Sócrates Cristopher Taylor
Teoria quântica John Polkinghorne
Tragédias gregas Pascal Thiercy
Vinho Jean-François Gautier

David Albert Jones

Anjos
Uma breve introdução

Tradução de DENISE BOTTMANN

Coleção **L&PM** POCKET, vol. 1204

David Albert Jones é diretor do Anscombe Bioethics Centre, em Oxford, e professor da St. Mary's University College, em Twickenham. É autor também de *Soul of the Embryo* (Bloomsbury, 2004) e *Approaching the End* (OUP, 2007).

Texto de acordo com a nova ortografia.
Título original: *Angels: A Very Short Introduction*

Primeira edição na Coleção **L&PM** POCKET: março de 2016

Tradução: Denise Bottmann
Capa: Ivan Pinheiro Machado. *Ilustração*: iStock
Preparação: Marianne Scholze
Revisão: Lia Cremonese

CIP-Brasil. Catalogação na publicação
Sindicato Nacional dos Editores de Livros, RJ

J67a

Jones, David Albert
    Anjos: uma breve introdução / David Albert Jones; tradução Denise Bottmann. – 1. ed – Porto Alegre, RS: L&PM, 2016.
    160p. : il. ; 18 cm.   (Coleção L&PM POCKET, v. 1204)

    Tradução de: *Angels: A Very Short Introduction*
    Inclui índice
    ISBN 978.85.254.3184-4

    1. Mitologia religiosa. 2. Anjos. I. Título.

14-16943	CDD: 201
	CDU: 2-167

© David Albert Jones, 2011
***Angels* foi originalmente publicado em inglês em 2011.
Esta tradução é publicada conforme acordo com a Oxford University Press.**

Todos os direitos desta edição reservados a L&PM Editores
Rua Comendador Coruja, 326 – Floresta – 90220-180
Porto Alegre – RS – Brasil / Fone: 51.3225.5777 – Fax: 51.3221.5380
PEDIDOS & DEPTO. COMERCIAL: vendas@lpm.com.br
FALE CONOSCO: info@lpm.com.br
www.lpm.com.br

Impresso no Brasil
Verão de 2016

A Eustáquio, tende piedade dela e de mim
E que possamos envelhecer juntos.
(Tobias 8: 7)

Sumário

Prefácio 9

Capítulo 1: Uma breve história dos anjos 13

Capítulo 2: A representação dos anjos 25

Capítulo 3: O que é um anjo? 43

Capítulo 4: Mensageiros divinos 57

Capítulo 5: Espíritos ministradores 71

Capítulo 6: Hostes celestes 82

Capítulo 7: Anjos caídos 104

Capítulo 8: A luta com os anjos 123

Referências 131

Leituras complementares 136

Índice das citações bíblicas e corânicas 141

Índice remissivo 144

Lista de ilustrações 150

Prefácio

Anjos. Todos nós conhecemos a aparência deles. Têm asas e auréolas. Estão nas peças natalinas infantis. Usam túnicas brancas compridas, à diferença dos querubins, que parecem menininhos nus e rechonchudos. Vivem no céu, acima das nuvens, mas vêm à terra como guias ou guardiões. Estão representados em vitrais e, do alto das lápides, olham para baixo com ar protetor, mas também aparecem em filmes, em desenhos animados e até em anúncios, dizendo para nos comportarmos bem enquanto os diabinhos nos tentam ao mal. Os anjos das árvores de Natal parecem figuras femininas, mas nos filmes geralmente são interpretados por homens (John Travolta, Nicholas Cage, Denzel Washington, Cary Grant, todos eles fizeram papel de anjo).

Os anjos são reconhecidos nas três grandes religiões "abraâmicas" – o judaísmo, o cristianismo e o islamismo – e, entre os cristãos, têm um apelo tão grande que se estendem da ortodoxia russa ao protestantismo evangélico americano. As formas pós-cristãs de espiritualidade, às vezes chamadas de *New Age*, também invocam a orientação e o poder lenitivo dos anjos. Se a Igreja, pelo menos na Europa Ocidental, não atrai mais tantos praticantes, os anjos continuam difundidos como sempre. Numa era que se orgulha da racionalidade científica, a fé nos anjos não parece muito respeitável. Mesmo assim, esses seres etéreos agora são tema de inúmeras referências, representações e alusões no éter eletrônico. Durante a redação deste livro, uma pesquisa na internet pela palavra *angel* gerou 287 milhões de resultados, cinco vezes mais, por exemplo, do que *Christianity* e seis vezes mais do que *astronomy*.

Então, o que é um anjo? E de onde vêm nossas ideias e imagens dos anjos? Este livro resume algumas das histórias e especulações mais importantes sobre os anjos no judaísmo, no cristianismo e no islamismo, bem como na

1. Crianças vestidas de anjos para uma peça natalina

cultura contemporânea. Examina como os anjos têm sido retratados nas artes plásticas, na literatura e no cinema. Apesar disso, este livro não é apenas uma história, mas também uma análise de algumas implicações dos anjos: por que as pessoas encontram apoio, atração ou consolo na ideia dos anjos; por que eles continuam a ter tanto poder na cultura moderna e, assim, o que os anjos podem nos dizer sobre nós mesmos.

O primeiro capítulo apresenta uma cronologia do desenvolvimento do conceito de anjo no judaísmo e, depois, no cristianismo e no islamismo. O segundo capítulo traz um panorama cronológico geral da representação dos anjos. Também expõe duas questões específicas sobre as imagens angelicais: a representação dos "querubins" e a representação do sexo dos anjos. Esses dois capítulos estabelecem um mapa mental e uma cronologia dos anjos dentro das religiões e na cultura mais ampla. Criam pontos de referência para o restante da obra.

O terceiro capítulo avalia o tipo de ser que seria o anjo. Apresenta o tratado de Tomás de Aquino sobre os anjos. Esse tratado ainda é, talvez, a tentativa mais elaborada de explicar como seria uma criatura puramente espiritual.

Os quatro capítulos seguintes são temáticos e examinam alguns traços característicos dos anjos: os anjos como mensageiros, os anjos como guardiões, os anjos no céu e os anjos caídos. Em cada um dos casos, a apresentação recorre às fontes das três religiões abraâmicas, bem como às artes, à literatura, à filosofia e à experiência humana.

O último capítulo sustenta que tais histórias e especulações sobre os anjos podem ajudar a esclarecer aspectos da existência humana. O significado dos anjos na religião e na cultura popular é variável, mas não raro eles aparecem como portadores de uma mensagem contracultural. Às vezes, lutam contra nós. Ajudam a desvendar nossos preconceitos, entre eles o preconceito infundado de que os seres humanos estão sozinhos num universo vazio. Refletir sobre as implicações dos anjos em sua relação com a cultura contemporânea pode ajudar a recuperar uma percepção dos seres humanos não como senhores de um mundo desprovido de significado, e sim como peregrinos sensíveis aos momentos em que o significado se revela.

Todo este livro discorre sobre anjos, mas, em sua maior parte, não procura provar nem refutar a existência deles, sem defender nem ridicularizar. Assim, os textos antigos são abordados de uma perspectiva narrativa, indagando o que o relato diz ou sugere e como tem sido lido desde então. Isso não significa negar que os textos têm uma história e, muitas vezes, uma pré-história. Os relatos podem nascer da experiência, da imaginação ou de ambas. São contados e recontados. São escritos num contexto e podem ser revistos e modificados em outro contexto. Apesar disso, uma vez dada a forma do relato, podemos indagar o que ele diz. Do que trata? O que diz sobre essas criaturas chamadas anjos? É difícil esquivar-se totalmente à questão da existência dos anjos e, vez por outra, a posição pessoal do autor transparecerá no texto. O último capítulo aborda explicitamente a questão sobre se podemos e devemos ter espírito aberto em relação à existência dos anjos. Apesar disso, este livro, de modo geral, procura não tomar partido. Prefere explorar como as pessoas tentam explicar sua fé nos anjos. Espero que o resultado seja um livro que informe e entretenha igualmente a crentes e céticos.

Capítulo 1

Uma breve história dos anjos

Os anjos e Abraão

E o Senhor lhe apareceu junto aos carvalhos de Mamres, quando ele estava sentado à porta de sua tenda, no calor do dia. Ergueu os olhos, fitou e observou três homens parados à sua frente. Ao vê-los, correu da porta da tenda para encontrá-los e se curvou ao chão e disse: "Meu Senhor, se encontrei favor a teus olhos, não passes por teu servo. Deixai-me trazer um pouco de água e lavar vossos pés, e descansai sob a árvore para vos refrescar, enquanto trago um pedaço de pão, e depois seguireis – visto que vieste a teu servo". (Gênesis 18: 1-5)

Quem são essas três figuras que aparecem entre o calor intenso para visitar o velho que descansa à sombra de um antigo carvalho? São anjos, e o velho é Abraão. Esta é uma das primeiras menções a anjos numa das primeiras partes das Escrituras hebraicas. Em sua forma escrita acima apresentada, essa passagem tem talvez cerca de 3 mil anos de idade, mas o episódio em si é certamente anterior, parte de um ciclo de narrativas sobre Abraão, Isaac e Jacó, transmitidas oralmente como parte da história do povo judeu.

O Novo Testamento menciona o encontro entre Abraão e os anjos (Hebreus 13: 2), e o tema foi bastante corrente entre os escritores cristãos primitivos. Na Idade Média, o maior iconógrafo russo, Andrei Rublev (c.1360-1430), tomou o episódio como tema de seu ícone mais famoso: *A hospitalidade de Abraão* ou *A Santíssima Trindade*. Rublev, como cristão, interpretou os três anjos como a representação de Deus uno em suas três pessoas: o Pai, o Filho e o Espírito Santo.

2. Para Andrei Rublev, a hospitalidade de Abraão também era uma imagem da Santíssima Trindade

O mesmo encontro é narrado no Alcorão (51: 24-8), em que os anjos dizem "Paz", e Abraão responde: "A paz esteja convosco, estrangeiros!". No relato hebreu, Abraão fica ao lado dos desconhecidos enquanto eles estão comendo. No Alcorão, porém, os desconhecidos não comem, e é exatamente neste ponto que Abraão começa a perceber que são anjos. Na tradição islâmica, os anjos não comem.

O episódio da hospitalidade de Abraão pertence à vertente mais antiga da tradição religiosa a falar em anjos. O episódio é comum a judeus, cristãos e muçulmanos. Como ficará claro mais adiante, houve desdobramentos subsequentes nas formas de descrever os anjos nas Escrituras hebraicas e no judaísmo posterior. Também há outros desdobramentos dentro da tradição cristã. Em alguns aspectos, há diferenças entre o cristianismo e o islamismo a respeito dos anjos, como, por exemplo, se o Demônio é ou não um anjo caído. Apesar disso, o que se destaca imediatamente é que os anjos são companheiros de Abraão; aparecem nas histórias de Abraão nas primeiríssimas formas de que dispomos. Também é digno de nota que as religiões que invocam Abraão como pai, o judaísmo, o cristianismo e o islamismo, continuam todas elas a narrar histórias de anjos. Jesus, numa de suas parábolas, fala do pobre que morre e é "transportado pelos anjos ao seio de Abraão" (Lucas 16: 22). Existe, portanto, uma ligação duradoura entre Abraão e os anjos.

Os anjos antes do exílio

Os anjos que visitam Abraão são descritos como três homens (Gênesis 18: 2). Há claramente algo que os diferencia, pois Abraão reconhece que é "o Senhor" que vem visitá-lo, mas ainda assim são descritos como "homens". Esses anjos não têm asas nem auréolas, e não são nomeados.

Nessa fase do pensamento hebreu, como fica evidente nos livros de Gênesis, Números, Juízes e Josué, os anjos não mostram muita personalidade. Entregam a mensagem que lhes cabe entregar, fazem o que foram enviados para fazer, mas não têm nomes próprios nem histórias próprias que os diferenciem de outros anjos. Uma exceção parcial é o estranho que Josué encontra, e que está com uma espada na mão. Josué lhe pergunta: "És dos nossos ou de nossos inimigos?". Ele responde: "Nenhum dos dois, venho como comandante do exército do Senhor" (Josué 5: 13-15). Parece que, aqui, é um anjo com um papel específico, mas mesmo assim ele não tem nome.

O livro dos Juízes repete o refrão "naqueles dias, não havia rei em Israel" (Juízes 18: 1, 19: 1, 21: 25). Chefes militares ou "juízes" assumiam o comando, quando necessário, para combater um inimigo externo, mas não existia uma hierarquia unificada estável. Foi por volta de 1000 a.C. que Saul criou um reino unido em Israel e, mais tarde, Davi estabeleceu Jerusalém como capital. Parece que foi nessa altura que o povo começou a se referir a Deus como "o Senhor das hostes". Esse título é especialmente frequente nos livros 1 e 2 de Samuel, 1 e 2 de Reis, Isaías e Jeremias. Deus aqui é imaginado como um rei cercado por seus exércitos celestiais, suas "hostes". Por exemplo, o profeta Micaías diz ao rei de Israel: "Vi o Senhor sentado em seu trono, e todas as hostes do céu à sua direita e à sua esquerda" (1 Reis 22: 19). Deus se senta num trono com um exército celestial, e os soldados desse exército são anjos.

Desde a época em que Israel se tornou um reino, os anjos de Deus eram tidos como um exército celestial, mas de início não havia uma noção clara de diferentes níveis de anjos. No entanto, já havia, na mais antiga tradição, referências a uma única espécie de ser angelical muito distinta: o querubim. Aos querubins cabe a tarefa de guardar o paraíso, para impedir que os primeiros seres humanos voltem para lá (Gênesis 3: 24). Também são citados como figuras entalhadas na "arca da aliança" – a caixa que Moisés constrói para abrigar os Dez Mandamentos (Êxodo 25: 18). Mais tarde, no livro de Isaías, há referências a outra espécie distinta de anjo, o serafim de seis asas (Isaías 6: 2).

Os anjos depois do exílio

Em 586 a.C., o rei da Judeia foi vencido em batalha, e Jerusalém foi capturada pelos babilônios. Grande parte do povo foi para o exílio na Babilônia (no atual Iraque). Isso teve grande efeito em suas crenças religiosas, inclusive a respeito dos anjos. Os próprios judeus reconheceram o fato. Segundo a tradição judaica posterior, "os nomes dos anjos foram trazidos da Babilônia pelos judeus".

O livro de Jó foi escrito depois que os judeus voltaram do exílio. É um dos "livros de sabedoria", não de leis ou profecias, nem sobre a história de Israel. Os livros de sabedoria contêm reflexões gerais sobre a condição humana. No caso de Jó, o centro é no sofrimento de um homem inocente. Em relação aos anjos, este livro é importante porque introduz a figura de Satã (em hebraico), também chamado de Demônio (em grego), o acusador que induz Jó à tentação de amaldiçoar Deus.

O livro de Daniel é situado no período do exílio na Babilônia, mas os estudiosos, na maioria, julgam que o livro foi escrito muito depois, no período da revolta dos macabeus (cerca de 165 a.C.). O livro de Daniel marca um estágio importante no desenvolvimento das ideias sobre os anjos. Traz o conceito de diversos níveis entre eles e de anjos designados para velar por diferentes cidades e nações. Este livro nomeia dois anjos: Miguel e Gabriel.

O livro de Daniel foi o último livro das Escrituras incontestadamente hebraicas a ser redigido. Entre outros livros religiosos judaicos elaborados por volta da mesma época, está o de Tobias. Este volume era amplamente admirado como narrativa moral e foi por muitos séculos um tema caro entre os artistas. Ele conta como Deus enviou um anjo, Rafael, para curar Tobias. Rafael aparece como "um dos sete anjos que veem a face de Deus" (Tobias 12: 15), mas os nomes dos outros seis não são mencionados.

É outro livro judaico, o de Enoque, o primeiro a citar os nomes de sete "arcanjos" – Uriel, Rafael, Raguel, Miguel, Zaraquiel, Gabriel e Remiel –, além de citar vários outros anjos, entre eles Jeremiel. Enoque também conta a história da queda dos anjos e é citado no Novo Testamento (Judas 14-15). Um pouco mais tarde, outro livro judaico, 2 Esdras, também menciona Uriel e Jeremiel. Esse livro era muito corrente entre os autores cristãos primitivos e foi incluído num apêndice às Bíblias católicas apostólicas romanas. É citado nas orações católicas tradicionais pelos mortos.

Enquanto os livros de Daniel, Tobias e Enoque estavam sendo escritos, estudiosos judeus traduziam as Escrituras hebraicas para o grego. A primeira e mais importante delas é a chamada Septuaginta (abreviada como LXX), por causa de uma lenda que dizia que era a obra de setenta homens que, totalmente independentes entre si, fizeram uma tradução idêntica! Mesmo sem uma base histórica, é uma boa lenda – e o nome ficou. A tradução da Septuaginta foi feita numa época em que o interesse dos judeus pelos anjos aumentava, e por isso mostra tendência de acrescentar referências a anjos que não são explícitas no original. Por exemplo, a tradução da Septuaginta para Deuteronômio 32: 8 afirma que Deus "estabeleceu as fronteiras das nações de acordo com o número dos anjos de Deus". O texto hebraico desta passagem não faz referência a "os anjos de Deus".

No período após o retorno do exílio, houve uma mudança nas concepções judaicas sobre os entes: havia uma maior preocupação com as hierarquias, os níveis ou o número de anjos; havia uma devoção crescente ao anjo da guarda designado para cada pessoa; havia alusões cada vez mais frequentes aos demônios e à figura de um chefe deles, Satã, inimigo de Deus e da humanidade; e havia, por fim, um fascínio pelos nomes dos anjos. O historiador Josefo (c.37-100), escrevendo logo após a época de Jesus, conta que existia naquele tempo uma seita judaica, os essênios, que conhecia e mantinha em sigilo os nomes dos anjos. Sabemos por Josefo e pelo Novo Testamento que existia outro grupo de judeus, os saduceus, que negava a existência dos anjos e parece ter sido exceção. A maioria dos movimentos e dos escritos judaicos da época de Jesus mostram vivo interesse por anjos.

Depois do nascimento de Jesus e do surgimento do cristianismo, as crenças judaicas sobre os anjos continuaram a se desenvolver. Podemos vê-lo no Talmude. O Talmude é uma coleção de livros escritos por rabinos entre 200 e 400 d.C. Consiste em grande parte de comentários sobre a Escritura e reflexões sobre a jurisprudência judaica. Traz muitas menções a anjos. Como a Septuaginta, é frequente que o Talmude embeleze uma narrativa escritural acrescentando um ou vários anjos. Por exemplo, quando Deus cria um ser humano, os anjos perguntam por que Ele quer fazer uma criatura tão esquisita. São anjos que transferem os animais do rebanho de Labão para o de Jacó. O Talmude também acrescenta detalhes à mais famosa história de anjos, a hospitalidade de Abraão. Segundo o Talmude, os três anjos que visitaram Abraão eram Miguel, Gabriel e Rafael.

O fascínio dos essênios pelos nomes dos anjos prossegue até a Idade Média, com uma forma esotérica de judaísmo chamada Cabala (ou Kabbalah), associada em especial, embora não exclusivamente, a uma coletânea de escritos chamada Zohar. Os textos cabalísticos não só trazem muitos nomes de anjos, mas também alegam que esses podem ser usados para conjurá-los e para controlar todos os poderes e elementos da natureza, o que está muito longe dos estrangeiros sem nome que visitaram Abraão e receberam sua hospitalidade.

Os anjos no cristianismo

Jesus era judeu, assim como seus primeiros seguidores. Mesmo depois que a Igreja cristã se separou da comunidade judaica, as crenças e práticas do cristianismo primitivo guardavam grande continuidade com o judaísmo. Isso se vê em relação aos anjos. As crenças cristãs sobre eles são típicas dos judeus daquela época.

Há dois anjos nomeados no Novo Testamento: Gabriel, que anuncia a Maria a chegada de um filho que será o Messias prometido (Lucas 1: 26-38), e Miguel, que luta contra o Demônio (Judas 9; Apocalipse 12: 7). Os anjos já haviam sido nomeados no livro de Daniel.

Jesus falou explicitamente sobre anjos por várias vezes e disse a seus discípulos que cada criança tem um anjo que "sempre vê a face de Deus" (Mateus 18: 10). Além dos anjos bons, Jesus também falou de demônios e, em particular, do Diabo. Frequentemente "expulsou demônios" das pessoas que estavam "possuídas" e retratava sua missão como uma guerra contra forças demoníacas.

Paulo, o primeiro grande missionário, que levou a mensagem do cristianismo ao mundo não judaico, tinha a mesma visão de mundo de Jesus. Apresentava a vida cristã como uma luta contra o Demônio e contra forças espirituais sombrias: "principados e potestades" (Efésios 6: 12). Por outro lado, Paulo também foi ambivalente em relação aos anjos. Alertou às pessoas que não se fascinassem com mitos sobre anjos e demônios. Isso distrairia a atenção do verdadeiro significado do evangelho.

Um paralelo existente entre o judaísmo e o cristianismo primitivo é o interesse na hierarquia das diversas espécies de anjos. No século V, um monge cristão anônimo, escrevendo sob o nome de Dionísio, examinou várias passagens das Escrituras e sugeriu que havia uma hierarquia angelical de nove níveis: anjos, arcanjos, principados, potestades, virtudes, dominações, tronos, querubins e serafins. Vê-se um tema semelhante na tradição judaica posterior, em especial no pensador judaico medieval Moisés Maimônides (1135-1204).

A Idade Média viveu um grande interesse pelos anjos, tanto entre os teólogos quanto nas orações e rituais, na arte e arquitetura das catedrais e na literatura de Dante Alighieri (1265-1321). A tentativa mais sólida de entendê-los foi empreendida por Tomás de Aquino (1225-1274), um pensador de grande gênio, que continua a exercer influência na filosofia até hoje e escreveu sobre muitos temas, mas era conhecido como "o doutor angélico" devido à sua prezada obra sobre os anjos.

A Idade Média representa o ponto culminante da angelologia – o estudo sistemático dos anjos –, mas eles continuaram a inspirar a arte e a literatura de tradição cristã, de John Milton (1608-1674) a William Blake (1757-1827) e até nossos dias.

Os anjos no islamismo

Os muçulmanos são exortados a "seguir a religião de Abraão" (Alcorão 3: 95), e todos têm o dever de fazer uma peregrinação (*Hajj*) até o santuário onde Abraão, segundo se crê, parou para orar. Assim, não admira que o islamismo compartilhe as mesmas histórias e as mesmas noções sobre os anjos que se encontram nas outras fés abraâmicas, o judaísmo e o cristianismo.

O Alcorão faz diversas referências aos anjos, inclusive aos "hóspedes de honra" que visitaram Abraão (51: 24). Também fala dos anjos (no plural) que visitam Maria para lhe dizer que foi escolhida entre todas as mulheres para ser a mãe do Messias, Jesus, filho de Maria (3: 45). Como o Novo Testamento, o Alcorão nomeia os anjos Gabriel e Miguel (Jibril e Micail). Na verdade, a revelação do Alcorão teria sido transmitida por Gabriel (2: 97).

Além dos dois anjos nomeados nas Escrituras hebraicas e no Novo Testamento, o Alcorão nomeia outros dois: Harut e Marut. Eles ensinam magia e feitiçaria aos babilônios.

Uma última criatura sobrenatural, Íblis, aparece no Alcorão como o Demônio (Shaitan). Íblis, porém, não é um anjo, e sim um *djinn*, uma terceira espécie de criatura, que não é anjo nem ser humano.

A crença nos anjos é um dos "seis artigos de fé" tradicionais do islamismo. Em comum com o cristianismo e o judaísmo, o islamismo ressalta que eles não são divindades, e sim servos de Deus, que foram criados por Deus.

Seres angelicais no zoroastrismo e no hinduísmo

Como dito anteriormente, os judeus desenvolveram suas ideias sobre os anjos quando estavam na Babilônia. A religião dominante na antiga Babilônia era o zoroastrismo. Existem algumas similaridades entre a antiga crença zoroastrista e a crença judaica sobre os anjos. Por exemplo, considera-se às vezes que a ideia dos sete "arcanjos", mencionados nos livros de Tobias e Enoque, retome as sete centelhas divinas, ou *Amesha Spentas*, que dão seus nomes aos primeiros sete dias do mês no calendário zoroastrista. Outro exemplo é a ideia dos "anjos da guarda", que teria a influência dos espíritos guardiões (*fravashis*) do zoroastrismo.

Aqui existem alguns paralelos, mas devemos lembrar que o judaísmo e o zoroastrismo são religiões muito diferentes. O zoroastrismo tem alguns elementos em comum com a religião hinduísta, e parece gostar de falar dos "deuses" no plural. Os judeus acreditam firmemente que existe apenas um Deus. Há outras diferenças. Por exemplo, o conceito zoroastrista do *fravashi* está relacionado com a alma. O *fravashi* é uma parte da alma que fica no céu. Em alguns aspectos, é semelhante ao *daemon* pessoal imaginado na trilogia *Dark Materials* (*Fronteiras do universo*), de Philip Pullman: não tanto um espírito guardião específico designado para aquela pessoa quanto um reflexo do próprio espírito humano.

Os paralelos também ficam mais complicados porque, sob a influência dos missionários cristãos no século XIX, a doutrina zoroastrista moderna tem sido apresentada de uma maneira mais próxima às judaicas e cristãs sobre os anjos. Por exemplo, o símbolo moderno mais corrente do zoroastrismo, uma figura humana alada (chamada de *faravahar*, pois é tida como representação de um *fravashi*), é, sob certos aspectos, uma invenção moderna. O símbolo é antigo, mas o nome é moderno. Parece provável que, originalmente, ele representasse a glória ou a alta posição do governante, sem qualquer relação com seres angelicais. Não existe nenhuma descrição do *fravashi* nas escrituras zoroastrianas e, se o símbolo do *faravahar* agora parece um anjo, é mais por causa da influência cristã moderna sobre o zoroastrismo do que por uma influência zoroastrista antiga sobre o judaísmo.

O que vale para o zoroastrismo, que pelo menos teve contato com o judaísmo, vale ainda mais para o hinduísmo. Há no hinduísmo criaturas chamadas *devas* e *mahadevas* que, em certos aspectos, são similares aos anjos e arcanjos. No entanto, os moldes da fé e da prática hinduísta são muito diferentes dos do judaísmo, do cristianismo ou do islamismo. O indivíduo e o mundo são entendidos de outra maneira com a crença hinduísta num ciclo de reencarnações e almas que são vidas intermediárias. Considera-se por vezes que os *devas* sejam essas almas intermediárias. Num nível mais básico, o hinduísmo e as religiões abraâmicas parecem ter concepções distintas sobre a relação entre os deuses e o

3. Faravahar é um antigo símbolo zoroastrista, mas apenas no século XIX veio a representar um ser angelical

Deus único. No hinduísmo, a adoração de muitas divindades é compatível com a fé em Deus. As divindades não rivalizam com o Deus único. A relação é mais sutil. Em contraste com isso, para o judaísmo, o cristianismo e o islamismo, adorar "outros deuses" é se afastar do Deus único.

Talvez seja melhor não usar a palavra "anjo" para as criaturas espirituais do zoroastrismo ou do hinduísmo. Traçar paralelos entre anjos e *fravashis*, *amesha spentas*, *devas* ou *mahadevas* é mais capaz de nos confundir do que nos esclarecer. Esses espíritos zoroastristas e hinduístas não desempenham no zoroastrismo ou no hinduísmo o mesmo papel que os anjos desempenham no judaísmo, no cristianismo e no islamismo. A palavra "anjo" e as imagens, ideias e histórias contemporâneas sobre eles chegaram a nós numa tradição que começa com Abraão. Este livro trata desses seres. O hinduísmo e o zoroastrismo merecem livros específicos.

Anjos na espiritualidade pós-cristã

A partir dos os anos 1960, surgiu um movimento espiritual que pode ser chamado de pós-cristão. De modo geral, ele é ambivalente em relação à religião estabelecida e procura o sentido religioso em formas de religiosidade anteriores ao cristianismo moderno – por exemplo, celtas, gnósticas ou pagãs. A distância histórica entre essas religiões antigas, tal como eram praticadas, e a atualidade é vista não como uma limitação, e sim como uma liberação, pois abre espaço para a imaginação. Ideias e símbolos abstraídos do contexto original podem se tornar o centro de um padrão de significados e práticas reconstruído de uma nova maneira.

Os anjos têm papel de destaque nesses padrões de espiritualidade pós-cristã. Pode-se ver isso no lugar que os anjos ocupam na seção "mente, corpo, espírito" de muitas livrarias no centro das cidades. Os anjos mantêm a atração porque apelam para a imaginação e para a experiência pessoal. São um elemento não ameaçador da religião estabelecida. Não parecem tão severos.

Isso coloca uma pergunta importante: o conteúdo dessas prateleiras contemporâneas tem alguma relação com os anjos como são entendidos no judaísmo, no cristianismo ou no islamismo? Se chamar os *fravashis* zoroastristas de "anjos" gera certa confusão, será confuso também usar a mesma palavra para os "anjos" da *new age*?

Existem diferenças entre os anjos da espiritualidade pós-cristã e os anjos da tradição abraâmica. No entanto, o novo interesse por anjos certamente nasce dessa tradição mais antiga. Livros com títulos como *Terapia angelical* partem de ideias do cristianismo e do judaísmo, mesmo que o contexto original não seja explícito. O próprio termo "anjo" carrega uma grande herança cultural moldada pelo cristianismo. Muitas das doutrinas encontradas nesses textos da *new age* são tomadas explicitamente a fontes judaicas, em especial à Cabala. Assim, é adequado usar a mesma palavra para esses anjos. Todavia, pode-se argumentar que esses livros da *new age* saem prejudicados por isolar os anjos de seu contexto original. Os anjos nascem em uma tradição determinada, uma tradição antiga, que começa com Abraão, num dia quente, sentado à sombra dos carvalhos de Mamres.

Capítulo 2

A representação dos anjos

Representações antigas do querubim

Os Dez Mandamentos nas Escrituras hebraicas trazem uma advertência muito rigorosa contra a fabricação de imagens: "Não farás para ti escultura, nem figura alguma do que está em cima no céu ou do que está embaixo na terra" (Êxodo 20: 4). Apesar disso, o mesmo livro explica como entalhar dois querubins, um diante do outro, que estendem suas asas sobre o "assento da misericórdia" a ser colocado por cima da arca (Êxodo 25: 20-21). É bastante irônico, visto que a arca é a caixa onde ficam guardadas as tábuas dos Dez Mandamentos – que determinam que não se façam imagens.

Quando Salomão ergueu um templo para abrigar a arca, ele colocou no santuário dois querubins, cada qual com dez cúbitos de altura e dez cúbitos de abertura das asas – ou seja, cerca de 5,3 metros de altura e o mesmo de largura (1 Reis 6: 24). As asas dos querubins estavam totalmente abertas, de modo que a ponta de uma delas encostava na parede e a ponta da outra encostava no outro querubim. Infelizmente, mais tarde a arca se perdeu (como sabe qualquer um que assista a filmes!). A arca foi levada ou escondida ou aniquilada quando os babilônios destruíram o Templo em 586 a.C. Quando o Templo foi reconstruído depois do exílio, não havia mais arca nem querubins gigantes. Assim, é muito difícil saber qual era a aparência deles. Alguns imaginam que o querubim se parecia com o touro alado (o *shedu*) dos assírios ou com a esfinge ou o grifo (existe uma teoria entre os estudiosos de que as palavras "querubim" e "grifo" guardam parentesco, mas é contestada). Essa ideia também se baseia no papel dos querubins como guardiões do santuário. Em outras culturas antigas, esse papel cabe ao *shedu*, ao grifo ou à esfinge.

O livro de Ezequiel descreve o querubim com asas estendidas e rosto de homem, de águia, de boi e de leão (Ezequiel 1: 10; ver também Ezequiel 10: 14). Mas Ezequiel não diz que o querubim tem corpo de animal. Além disso, as imagens de Ezequiel são deliberadamente exageradas e talvez não reproduzam o Templo como ele era. Os outros relatos bíblicos não mencionam partes animais no querubim. Os querubins no cimo da arca estão com o rosto voltado um para o outro, e suas asas "se estendem sobre" o assento da misericórdia. Essa posição não encontra nenhum paralelo com as imagens do *shedu* nem de outros animais de guarda, e os autores judaicos do século III sugerem que esses querubins tenham forma humana (embora não necessariamente rosto humano).

É inconteste que havia querubins esculpidos sobre a arca e no santuário do Templo de Salomão antes do exílio (586 a.C.), mas infelizmente foram perdidos ou destruídos séculos antes do nascimento de Jesus, sem que deles restasse imagem alguma. Ademais, as descrições na Bíblia não oferecem uma imagem clara da aparência que tinham. Segundo Josefo, em sua época não existia ninguém que soubesse qual a aparência de um querubim. Há, portanto, uma interrupção entre essas imagens antigas do querubim e as imagens de anjos pintadas por artistas posteriores.

Asas e auréolas

A representação tradicional dos anjos seguiu em larga medida os moldes dados pelos artistas cristãos. Isso se deve, em parte, ao fato de que o judaísmo e o islamismo relutam em representar anjos. As imagens de anjos encontradas nos manuscritos islâmicos da Pérsia medieval ou na cultura otomana e as imagens de anjos nos amuletos judaicos do século XVII constituem muito mais a exceção do que a regra. A preocupação nas duas religiões é que a execução de imagens sagradas possa se converter facilmente na adoração das imagens. A mesma preocupação quanto às imagens também levou a algumas disputas acirradas dentro do cristianismo. Foi o que inflamou a disputa "iconoclasta" no século VIII, no Império Bizantino, e o debate sobre estátuas e imagens no século XVI durante a Reforma, na Inglaterra e na Alemanha. Assim, no Oriente, são pouquíssimos os ícones primitivos que sobreviveram ao período iconoclasta, e no Ocidente muitas estátuas, vitrais e afrescos foram desfigurados, destruídos ou caiados. Apesar disso, as formas dominantes do cristianismo no Oriente e no Ocidente têm admitido a arte figurativa, inclusive a arte sacra. A história das representações dos anjos é, em larga medida, a história da arte cristã e da arte daquelas culturas moldadas pelo cristianismo.

As primeiras representações de anjos são do século III e não se encontram em pinturas ou mosaicos, mas sim entalhadas e esculpidas em objetos, especialmente em sarcófagos. Elas mostram os anjos como jovens sem asas nem auréolas, refletindo os relatos bíblicos dos anjos que apareceram a Abraão (Gênesis 18: 2) ou às mulheres no sepulcro de Jesus (Marcos 16: 5). Mas isso vem a mudar já no século IV, quando os anjos começam a aparecer com asas. A maneira específica como os anjos alados são representados nessa época parece ter recebido influência das imagens pagãs coetâneas da deusa Niké e do deus Eros. Apesar disso, a ideia de que os anjos têm asas já estava bem estabelecida entre judeus e cristãos.

Na Bíblia, tanto os querubins (Êxodo 25: 20) quanto os serafins (Isaías 6: 2) são alados, e o salmista imagina Deus conduzindo as nuvens como uma carruagem, montando um querubim e voando "nas asas do vento" (2 Samuel 22: 11; Salmos 18: 10; Salmos 104: 3). Na época de Jesus, tornara-se usual crer que não só os querubins e serafins, mas todos os espíritos tinham asas. Por exemplo, o autor cristão primitivo Tertuliano (c.160-220) escreveu que "todos os espíritos são alados, anjos e demônios". Analogamente, o Talmude judaico descreve anjos e demônios dotados de asas com as quais "voam de uma ponta a outra do mundo".

Dois séculos depois, o Alcorão reitera a afirmativa de que todos os anjos têm asas. "Louvado seja Alá [...] Que criou os anjos mensageiros com asas – dois ou três ou quatro [pares]" (35: 1). Compare-se ao serafim de seis asas descrito em Isaías (6: 2). Não significa que as asas dos anjos se restrinjam a três ou quatro pares. Uma tradição que remonta ao Hadith (o registro das palavras e obras do Profeta Maomé) afirma que os arcanjos Gabriel e Miguel têm, cada um deles, seiscentas asas.

A Igreja de Santa Maria Maior em Roma conserva mosaicos que datam do começo do século V. Há cenas dos acontecimentos em torno do nascimento de Jesus que mostram muitos anjos. Esses anjos são jovens usando togas romanas brancas. Um observador do século XXI pode identificá-los imediatamente como anjos, e mostram a imagem arquetípica do anjo com túnica branca (sobre a roupa branca, ver, por exemplo, Mateus 28: 3 e Marcos 16: 5), asas e auréola.

É interessante que, nessa fase inicial, Jesus seja representado com auréola, mas Maria e José não. A auréola está associada à glória de Deus em Jesus em particular, e ainda não nos santos. A auréola era um recurso artístico tomado à cultura pagã. Era utilizada na Grécia e Roma antigas, antes

4. Os mosaicos na Igreja de Santa Maria Maior, do século V, mostram anjos com asas e auréolas

do tempo de Jesus, para mostrar a glória de uma divindade. Às vezes, as auréolas também eram usadas nas representações do imperador, como sinal de poder e de sua condição semidivina. É provavelmente esse uso que os cristãos dão às representações de Jesus e, depois, aos anjos, que são testemunhas e companhias de Jesus. A auréola do anjo é um elo visual com a auréola de Jesus e mostra que o anjo está presente por causa de Jesus.

A imagem típica do anjo como homem com asas e, geralmente, também com auréola persiste desde o século V até o presente. É difundida o suficiente para ser identificada pelas diferentes tradições cristãs em diferentes culturas separadas por muitos séculos de distância. No começo da Idade Média, uma exceção parcial a esse predomínio foi a representação de criaturas "tetramórficas" inspiradas pelas visões de Ezequiel (capítulo 10) e do Apocalipse (capítulo 4). Às vezes, elas eram representadas como quatro criaturas separadas (simbolizando com frequência os quatro evangelhos), mas outras vezes eram representadas como uma criatura só, de quatro cabeças. Aparecem tanto no Oriente bizantino quanto no Ocidente latino, e podem se referir a querubins ou serafins, ou por vezes podem ser concebidas como uma terceira espécie de ser espiritual alado. Todavia, tornaram-se muito menos comuns após o Renascimento, e a figura humana alada permanece como imagem dominante.

Harpas celestiais

Não consta nenhum anjo tocando harpa das Escrituras hebraicas, do Novo Testamento ou do Alcorão. Por outro lado, tanto no Novo Testamento (Apocalipse 8: 2) quanto no Alcorão (39: 68), aparece um anjo tocando uma trombeta para anunciar o fim dos tempos e o juízo final. Assim, não admira que as primeiras imagens de anjos não costumassem mostrá-los com instrumentos musicais e, quando aparecia algum, o mais provável era uma corneta ou uma trombeta. Apesar disso, há um claro vínculo entre os anjos e a música.

Vários salmos recomendam louvar a Deus, e um em particular (Salmo 148) exorta os anjos:

> Louvai o Senhor nos céus
> Louvai-o nas alturas!
> Louvai-o, todos os seus anjos
> Louvai-o, todas as suas hostes!

No relato do evangelho, os anjos aparecem louvando a Deus na noite em que Jesus nasceu: "E no mesmo instante apareceu com o anjo uma multidão das hostes celestiais louvando a Deus" (Lucas 2: 13). Analogamente, em Isaías (6: 3) e no livro do Apocalipse (4: 8), os serafins de seis asas nunca deixam de cantar "Santo, santo, santo é o Senhor Deus Todo-Poderoso".

No culto dos homens, o louvor a Deus vem associado à música:

> Entoai uma canção, tocai o adufe,
> A doce harpa e o saltério.
> Tocai a trombeta à lua nova,
> À lua cheia, em nosso dia de festa.
> (Salmos 81: 2-3; ver também Salmos 33: 2, 57: 8, 71: 22 e 92: 3)

Este se tornou um tema comum no Ocidente a partir do século XII. Os anjos aparecem tocando instrumentos musicais os mais variados – alaúdes, flautas, violas, bandolins, cornetas e tambores, além de harpas. De fato, a representação dos anjos é uma fonte muito importante para a história da música. Gerações de artistas retrataram os anjos com os tipos de instrumentos musicais que dominavam em suas respectivas épocas. No século XV, num retábulo de Jan van Eyck, os anjos aparecem até lendo partituras. Antes disso, presume-se que tocassem de ouvido.

A forte associação popular entre anjos e harpas em particular não parece derivar da representação artística tradicional dos anjos. Provavelmente nasceu de um versículo no livro do Apocalipse, no qual os santos no céu aparecem "com harpas de Deus nas mãos" (Apocalipse 15: 2; ver também Apocalipse 14: 2). São os santos que recebem harpas ao morrer, e os anjos ficaram associados às harpas devido a uma frequente confusão entre anjos e santos no céu. Antes disso, porém, os anjos eram associados à música em geral, com o louvor a Deus, e também à harmonia do universo, "a música das esferas".

Dos ícones ao naturalismo e vice-versa

A representação dos anjos segue o mesmo avanço da história da arte cristã em termos mais gerais. É uma história rica e complexa.

O primeiro estilo a se desenvolver foi o da Roma antiga antes da época de Constantino (c.272-337). Ele se encontra nas paredes e sarcófagos das catacumbas. Os anjos desempenhavam um papel relativamente pequeno nessa arte inicial e, onde se faziam presentes, eram discretas figuras sem asas.

Com o édito de tolerância religiosa de Constantino no ano de 313, tornou-se possível erguer grandes igrejas públicas e decorá-las com afrescos e mosaicos. Esse cenário também incentivou uma representação mais confiante do cristianismo e, em especial, de Cristo em sua majestade de juiz do mundo. Esse outro enfoque explica em parte a passagem para a representação dos anjos no céu, inclusive querubins e serafins. Em tal contexto, passou a ser comum retratar todos os anjos com asas e auréolas, como se vê, por exemplo, nos mosaicos da Igreja de Santa Maria Maior.

Nesse período, os estilos artísticos do cristianismo do Oriente e do Ocidente eram muito semelhantes, na medida em que compartilhavam uma mesma cultura romana antiga. Iniciou-se um afastamento com a queda do Império Romano no Ocidente e a posterior miscigenação da cultura romana com a estética mais primitiva de diversas tribos: os celtas, os francos e os godos. Essa miscigenação está nas raízes da arte medieval do Ocidente. Por outro lado, a parte oriental do Império Romano, de língua grega, continuou com sua capital em Constantinopla (também conhecida como Bizâncio) até a queda da cidade nas mãos dos turcos, em 1453.

No Oriente bizantino, o estilo da arte cristã que se desenvolveu no século V veio a ser considerado como o único sacro. Essa característica pode ser resultante das acirradas disputas "iconoclastas" sobre a veneração de imagens, o que levou à ideia de que um ícone santo devia possuir um estilo muito particular. Em nível mais profundo, essa estética muito conservadora também pode refletir o desejo de Bizâncio de preservar uma cultura clássica que fora perdida no Ocidente. De uma perspectiva posterior, por vezes considera-se que a arte bizantina tinha um enfoque simbólico e não se preocupava com o realismo figurativo. Os rostos de Cristo e Maria podiam ser representados de maneira muito realista, mas outras figuras, em especial os anjos, tendiam a ser apresentadas de maneira plana e estilizada, embora em ouro ou em cor brilhante. Com a difusão do cristianismo ortodoxo, o estilo bizantino influenciou a iconografia na Bulgária, na Grécia e na Rússia. Ele é evidente, por exemplo, na obra de Andrei Rublev.

A arte da Alta Idade Média no Ocidente, de início, tinha menor competência técnica e era menos elaborada do que a arte bizantina, mas ambas comungavam uma maior ênfase no símbolo e na comunicação e menor ênfase na busca por uma exatidão figurativa. Isso aparecia, por exemplo, no uso de auréolas e de objetos característicos (espada, chave, palma e assim por diante) para identificar os diferentes santos e anjos.

Esse padrão começa a decair com a obra de Giotto di Bondone (1267-1337), no começo do século XIV. Embora ainda trabalhando na tradição medieval, Giotto desenvolveu um estilo muito mais naturalista, com a representação acurada das posturas e um senso de profundidade e movimento em suas imagens. No século XV, artistas ocidentais descobriram o uso da perspectiva na pintura, e pintores na

Europa setentrional e na Itália passaram a desenvolver um estilo naturalista. Jan van Eyck (c.1395-1441) dispensou o uso de auréolas, pois diminuíam o realismo de suas pinturas. Um retábulo em Ghent mostra o anjo Gabriel com asas, mas sem auréola, enquanto outro retábulo apresenta um coro de anjos com túnicas ornamentadas, mas sem auréolas nem asas (a menos que se suponha que as asas estejam ocultas sob as túnicas) (ver Fig. 13, à p. 95).

Nesse período, o frade dominicano Giovanni di Fiesole (c.1400-1455) estava pintando igrejas e priorados. Recebeu o apelido de "Fra Angelico" não só porque pintava anjos, mas também por sua vida devota. Em 1982, foi reconhecido como "beato", uma espécie de santo menor, pelo papa João Paulo II e, em 1984, foi nomeado padroeiro das artes. O estilo de Fra Angelico era um tanto conservador, e ele foi quase uma exceção em sua época por praticamente sempre pintar santos com auréolas e anjos com asas e auréolas.

Na virada do século XVI, o Renascimento atinge o auge de sua excelência técnica. É interessante que dois dos mestres do alto Renascimento, Rafael Sanzio (1483-1520) e Michelangelo Buonarroti (1475-1564), tivessem nomes de anjos. Com esses pintores, a expressão natural da forma, da postura, da cor e da emoção foi aperfeiçoada a tal grau que a própria arte, mais do que o tema religioso, parecia ter-se tornado o verdadeiro objeto de representação. As imagens angelicais desse período eram retratos realistas de meninos ou rapazes, exceto pelas asas.

O espírito do Renascimento foi surpreendido por uma onda de choque que atingiu a Europa Ocidental no século XVI: a convulsão religiosa da Reforma protestante e a Contrarreforma católica (ou, talvez melhor dizendo, a Reforma católica). Essa convulsão teve efeitos diretos na representação dos anjos.

Os reformadores protestantes tinham suas desconfianças, em maior ou menor grau, quanto à veneração de santos e anjos e ao uso de imagens religiosas. Eram favoráveis a uma forma mais simples de religião, concentrada na Bíblia e na pessoa de Jesus. Nesse contexto, as artes de representação não desapareceram, mas se voltaram para temas mais seculares e domésticos. Os artistas em terras protestantes, de modo geral, pintavam retratos para residências pessoais em vez de imagens religiosas para igrejas, e houve um declínio na figuração de anjos.

Ao mesmo tempo, houve nos países católicos uma Reforma católica em paralelo, inspirada pelo Concílio de Trento (1545-1563). Além de examinar a doutrina e a ordem eclesiástica, esse concílio tratou diretamente da questão da arte cristã. O Concílio incentivava a arte sacra, mas criticava influências profanas ou pagãs, a nudez e o desregramento. A Reforma católica criou um estilo de arte e arquitetura, chamado barroco, que era ousado, ornamentado e de caráter muito explicitamente religioso, e pôs fim efetivo a formas mais primitivas da arte e iconografia medieval, que ainda mantinham popularidade até aquela época. A arte do barroco é mais expressiva em termos emocionais do que a do Renascimento, que espelhava a serenidade da arte clássica da antiga Grécia e Roma. Um bom exemplo da expressão passional na arte barroca é *O êxtase de Santa Teresa*, de Giovanni Bernini (1598-1680). Essa estátua mostra uma freira quinhentista, Teresa de Ávila (1515-1582), tendo o coração trespassado pela flecha de um anjo. A cena é altamente emocional e até erótica, mas também é explicitamente religiosa.

No século XVIII, a inspiração que animava a arte barroca foi substituída por um estilo mais doméstico, chamado rococó. Foi uma época favorável aos mais frívolos dentre os anjos, os querubins ou *putti* de carinhas redondas. Apesar do empenho da Reforma católica, esse período também viu o crescimento dos chamados "anjos seculares". A imagem do querubim continuou a ser usada tanto na arte cristã quanto na alegoria pagã. Quando os *putti* eram usados na decoração doméstica sem um contexto religioso explícito, tornava-se até difícil dizer se tinham algum conteúdo religioso qualquer.

Vê-se a mesma ambiguidade no mais conhecido dos anjos, aquele que encima a árvore de Natal. Essa decoração, que se popularizou no século XIX, evoca o lugar dos anjos na narrativa natalina (Lucas 2: 9-18). Mas muitas vezes o anjo na árvore é substituído por uma fada, com varinha de condão e asas diáfanas em vez de auréola. A fadinha na árvore parece uma retomada de um símbolo pagão adotado pelo cristianismo: tal como a celebração pagã do solstício de inverno, a árvore sagrada e a fadinha, que correspondia ao espírito daquela árvore, eram anteriores ao Natal. As fadas sempre foram as "divindades dos bosques". Assim, os anjos comumente refletem um simbolismo pagão, além do cristão, atravessando a fronteira entre o sagrado e o profano.

O interesse pelos anjos reviveu de várias maneiras interessantes no século XIX, que conheceu uma reação romântica contra a Revolução Industrial e uma reação artística contra a contínua influência do alto Renascimento. Isso pôde ser visto em especial na obra de William Blake no começo do século e, mais tarde, num movimento que se denominava Irmandade Pré-Rafaelita. Os pré-rafaelitas procuravam recapturar o caráter direto e espontâneo da arte medieval e do início do Renascimento, rejeitando a arte que fosse convencional ou padronizada. Frequentemente pintavam anjos.

Embora os pré-rafaelitas e outros movimentos oitocentistas rejeitassem as formas artísticas convencionais de sua época, eles continuaram atentos à natureza e às formas naturais. No século XX, essa última convenção também se rompeu com o surgimento da arte abstrata. Mas, mesmo neste quadro artístico mais moderno, a ideia do anjo continuou presente na imaginação. Temos um bom exemplo em Paul Klee (1879-1940). Era amigo e associado de Wassily Kandinsky (1866-1944), o mais influente de todos os artistas abstratos. Quando estava à morte, Klee desenhou e pintou numerosos anjos. São desenhos simples a linha com títulos como "anjo ainda feio", "anjo incompleto", "candidato a anjo" e "anjo esquecido" (ver Fig. 8 à p. 53). O anjo representa um sentido espiritual que é difícil de captar num escabroso mundo moderno às vésperas da Segunda Guerra Mundial. As poucas linhas evocam a ideia, enquanto a falta de definição, de cor ou de beleza faz parte do significado do quadro. Os anjos de Klee abstraem toda a beleza dos anjos de Rafael ou de Michelangelo, e mesmo assim os anjos incompletos e esquecidos permanecem como sinal de esperança.

O mais difícil ao escrever este livro foi a necessidade de excluir muitas representações diferentes dos anjos. Imagino que todos os leitores conhecem alguma representação de um anjo que gostariam de ver aqui reproduzida. Tal como os próprios anjos, as imagens dos anjos são quase incontáveis.

Um último ponto de referência que dou aqui foi criado pelo escultor Antony Gormley (1950-) no final do século XX. O *Anjo do Norte*, em Gateshead no norte da Inglaterra, tem 20 metros de altura, com as asas abertas se estendendo por 54 metros: uma abertura de asas de largura maior do que a altura da Estátua da Liberdade. Foi fundido com 200 toneladas de aço, um anjo industrial para celebrar uma área cuja grandeza consistiu outrora na indústria pesada. Como o anjo de Klee, o *Anjo do Norte* é prontamente identificável, embora de forma muito simples, sem traços faciais, sem

5. O *Anjo do Norte* é icônico, um anjo feito de aço para uma região industrial

auréola e cujos braços são asas. Há nessas representações do século XX uma volta do naturalismo para o simbólico. O *Anjo do Norte* é icônico.

Dos querubins aos *putti*

É difícil saber como, exatamente, as pessoas na antiga Israel imaginavam os querubins, mas o certo é que eram criaturas tremendas. Na primeira menção a eles, os querubins aparecem como guardiões que fecham o caminho de volta ao paraíso, com uma espada flamejante (Gênesis 3: 24). As estátuas dos querubins no Templo tinham mais de 5,2 metros de altura (1 Reis 6: 24). Ezequiel os descreve com quatro cabeças e muitos olhos e asas (Ezequiel 10), o monstro tetramórfico da arte bizantina. Como essas figuras ameaçadoras se transformaram nos querubins "anjinhos" em que pensamos hoje – menininhos gorduchinhos com asinhas minúsculas e um sorrisinho dengoso?

A história começa na Antiguidade, com as representações do deus Eros (na Grécia) ou Cupido (em Roma) como um menino de asas com arco e flecha. Eros era filho de Vênus e tinha o poder de fazer as pessoas se apaixonarem. Era muitas vezes representado como travesso ou volúvel. Associados a Eros, havia outros deuses menores ou mensageiros, chamados erotes ou cupidos. Também eram representados como meninos nus com asas, muitas vezes colhendo uvas para um banquete. Estavam associados ao culto de Dionísio (também chamado de Baco), o deus do vinho, e portanto à representação das "festas báquicas" rituais.

Nos séculos II e III, tornou-se usual decorar os sarcófagos com imagens de Erotes. Esse costume parece ter iniciado com o enterro de crianças, mas depois também foi usado por adultos. Os cristãos parecem ter assimilado essas imagens desde muito cedo. Por exemplo, um sarcófago daquele período mostra um homem de barba carregando um carneiro nos ombros, enquanto meninos alados colhem uvas. Podia ser Baco cercado por erotes ou Cristo, o bom pastor, cercado por anjos.

Ainda que pareça certo que os cristãos primitivos usavam imagens de Erotes para retratar anjos, isso teve pouca influência na arte cristã depois de Constantino, tanto no Oriente bizantino quanto na alta Idade Média do Ocidente. A figura do anjo menino foi "redescoberta" por artistas italianos no Renascimento. Se há um artista que pode ser reconhecido como o reinventor da figura do anjo menino é Donatello (1386-1466). Ele fazia parte de um movimento mais amplo de recuperação da cultura clássica na arte e na arquitetura. Corre em paralelo com o humanismo renascentista, com seu interesse na oratória grega e latina clássica. Essas crianças de asas eram chamadas de *putti* (significando meninos) e eram usadas nas pinturas cristãs para retratar anjos, mas também nas pinturas de mitos gregos. Muitas vezes, a única coisa que permitia distinguir entre essas imagens era o contexto. Num contexto cristão, eram anjos; num contexto mítico grego, eram cupidos.

A identificação entre meninos alados e anjos remonta à Antiguidade e foi revivida por Donatello, mas, nessas alturas, ainda não eram identificados com os querubins. Não se sabe muito bem quando ou por que isso aconteceu, mas parece ter sido no final do Renascimento, como fica evidente nesse extraordinário trecho do diário de Teresa de Ávila:

> Vi um anjo perto de mim, à minha esquerda, com forma corpórea [...] Não era de grande, e sim de pequena estatura, e muito belo – o rosto flamejante, como se fosse um dos anjos mais altos, que parecem ser só fogo: devem ser aqueles a que chamamos querubins. Nunca me dizem seus nomes, mas vejo muito bem que há no céu uma diferença tão grande entre um e outro anjo, e entre estes e os demais, que não consigo explicá-la. Vi em sua mão uma longa lança de ouro e, em sua ponta de ferro, parecia arder uma pequena chama. Pareceu-me cravá-la algumas vezes em meu coração e penetrar minhas entranhas; quando a retirou, era como se as retirasse também, deixando-me arder em fogo

com um grande amor a Deus. A dor era tão intensa que me fazia gemer, mas tão maior era a doçura dessa enorme dor que não queria me ver livre dela.

A imagem do anjo menino com sua lança dourada evoca muito claramente a imagem do deus Eros ou Cupido. A experiência é religiosa, mas descrita em termos deliberadamente eróticos. A estátua de Teresa feita por Bernini expressa uma paixão que já é evidente nessas linhas. Teresa identificou o anjo como um querubim, exatamente porque os querubins eram os anjos em posição mais alta na hierarquia angelical cristã. Eram os mais próximos a Deus e, portanto, representavam para Teresa o amor ardente de Deus.

Os *putti* eram como crianças, mas não inocentes. Eram experientes e conhecedores. Por isso, às vezes eram representados com rosto de adultos – gerando um efeito bastante perturbador. Como imagens seculares, eles representavam o amor romântico, a frivolidade e o êxtase celestial. O barroco explorou deliberadamente essa ambiguidade, mesclando imagens terrenas e celestes. Todavia, a imagem do querubim, tão amiúde uma figura de alegria, tornou-se tão trivial que perdeu sua capacidade de expressar um sentido religioso, pelo menos na Europa Ocidental. Não consegue mais expressar a confiança barroca na proximidade do céu ou o misticismo apaixonado de Teresa ou de Bernini. Foi por isso que o século XIX se afastou do *putto* e procurou mostrar, nas palavras de Rilke (1875-1926), que "todo anjo é terrível" porque "o belo não é senão o início do terrível".

Do masculino ao feminino

Uma última questão sobre a representação angelical se refere ao sexo dos anjos. São masculinos, femininos ou assexuados? Quando os anjos aparecem a Abraão, são descrito como "três homens" (Gênesis 18: 2). Assim, também, quando Maria Madalena vê um anjo, sua aparência é a de "um jovem usando uma veste branca" (Marcos 16: 5).

6. A estátua de Bernini com o êxtase de Teresa mostra um querubim que parece Eros, o deus grego do amor

Os nomes dos anjos que aparecem na literatura judaica (Gabriel, Miguel, Rafael e assim por diante) são todos do gênero masculino, e as primeiras imagens cristãs são claramente masculinas. Isso é tanto mais surpreendente se, como afirmam os historiadores da arte, a representação cristã típica do anjo alado se deu por influência da imagem da deusa da vitória, Niké.

Na iconografia cristã, o arcanjo Miguel é tipicamente apresentado com uniforme militar, o que às vezes também acontece com outros anjos. A hoste celestial é o exército espiritual de Deus. Isso tem como efeito reforçar o caráter masculino das imagens.

Jesus diz que os anjos não se casam (Mateus 22: 30), e é a concepção cristã vigente que são espíritos puros, sem corpo (Hebreus 1: 14; compare-se a Lucas 24: 39). Isso pareceria sugerir que os anjos não são masculinos nem femininos. Apesar disso, a figuração dos anjos na iconografia cristã primitiva é exclusivamente masculina.

Encontra-se um padrão similar no islamismo. A opinião corrente entre os estudiosos do islamismo é que os anjos não se casam e não são masculinos nem femininos. Por outro lado, o Alcorão afirma que, "se enviássemos um anjo, seria sob a forma de um homem" (6: 9), e parece condenar a ideia de que os anjos sejam femininos: "Criamos os anjos para serem mulheres?" (37: 150; ver também 43: 19). Assim, embora na realidade não sejam masculinos nem femininos, os anjos aparecem sempre sob traços masculinos.

O Renascimento não só viu a representação dos anjos como crianças (*putti*), mas também conheceu uma tendência crescente para a representação dos anjos como seres andróginos ou efeminados. O historiador Henry Mayr-Harting associa esse desenvolvimento a uma mudança de concepção sobre o papel dos anjos, antes intervindo na terra na esfera social, fortalecendo o poder dos reis e concedendo um poder oculto usado por feiticeiros, e agora passando para seres benignos, bem organizados, concentrando sua atividade em segurança no céu, com a contemplação de Deus. Ele denomina essa mudança de "eterealização" dos anjos. É de se notar também que os artistas renascentistas procuravam sua inspiração não só na Bíblia, mas também em fontes gregas clássicas. Os jovens que visitam Abraão tinham de concorrer, na imaginação dos artistas, com as figuras femininas de Niké e das Musas.

O ponto culminante desse processo de feminilização se deu no século XIX, estreitamente associado ao Movimento Romântico. Enquanto na Idade Média os anjos eram tidos como puro intelecto, no século XIX eram vistos como representando a imaginação. Os anjos se tornaram elementos de uma visão romântica que agora mantinha apenas laços muito frouxos com a tradição cristã. Nesse contexto, os anjos eram representados não como andróginos, e sim, claramente, como moças, e são essas imagens oitocentistas que moldam a cultura popular contemporânea.

Assim, num contexto moderno, quando se diz que alguém é "um anjo", a suposição cultural típica é que essa pessoa é uma mulher. Foi por isso que a agência de detetives exclusivamente do sexo feminino no seriado americano dos anos 1970 tinha o nome de *Charlie's Angels** e o seriado britânico da mesma época, sobre estudantes de enfermagem, tinha o nome de *Angels*. Essa tendência tem suas exceções no cinema e em outros meios de comunicação de massas, mas na sociedade pós-cristã ainda predomina a representação feminina dos anjos. Essa passagem gradual do masculino para o feminino também parece confirmar a sugestão da pensadora feminista Michele Le Doeuff, segundo a qual, quando uma categoria se desvaloriza e perde seu grande estatuto filosófico, começa então a ser vista como feminina. Os anjos continuam com a mesma popularidade de sempre, mas não são mais tão respeitáveis intelectualmente como eram antes. Como não são levados tão a sério e não exigem tanto respeito cultural, agora os homens os representam como mulheres.

---

* No Brasil, *As panteras*. (N.E.)

Capítulo 3

O que é um anjo?

Não pequenos deuses, mas criaturas espirituais

Os anjos não são pequenos deuses. Este é um aspecto importante sobre eles. É o que diferencia a crença nos anjos do politeísmo, que possui um panteão de deuses encimado por Zeus ou Júpiter como o "deus mais alto". Os anjos pertencem a religiões que têm apenas um Deus, mas nas quais Deus dispõe de servos, mensageiros, cortesãos ou soldados espirituais. São criaturas, ocupam um lugar dentro da ordem da criação e desempenham um papel no plano do Criador. Nas Escrituras hebraicas, os anjos às vezes aparecem descritos como "filhos de Deus" (Jó 1: 6), mas todos os teólogos judaicos, cristãos e islâmicos concordam que os anjos são *criaturas* espirituais. Não são eternos nem iguais a Deus.

As religiões abraâmicas proclamam que há um só Deus, que criou os céus e a terra. O universo é um cosmo, uma totalidade ordenada, criado com uma finalidade divina. Algumas outras religiões veem o começo do mundo como resultado de uma batalha entre deuses em guerra, ou como acaso. Não é assim no judaísmo, no cristianismo e no islamismo. Essas tradições sustentam que o mundo foi criado intencionalmente e que tudo o que existe nele foi criado por Deus. Não havia mais ninguém com Deus, antes da criação. Se imaginarmos uma linha de separação entre Deus e tudo o que Ele criou, os anjos estariam do lado de cá, junto com os seres humanos, os coelhos, as árvores, as estrelas e tudo mais no mundo.

Alguns historiadores afirmam que a crença em anjos representa uma concessão ao politeísmo. Eles sustentam que o judaísmo antigo não era tão solidamente monoteísta como passou a ser depois. Vimos antes que a fé zoroastrista parece ter exercido influência no judaísmo, pelo menos dando nomes aos anjos. É difícil saber precisamente em que as pessoas acreditavam na antiga Israel, mas, sem dúvida, na época da revolta dos macabeus, os judeus eram conhecidos por adorar um Deus único. Com efeito, era justamente por essa razão que os romanos e os gregos consideravam os judeus fanáticos. E, no entanto, na mesma época em que os judeus consolidavam seu monoteísmo também se tornavam mais interessados em anjos.

Quando os anjos foram criados?

Há concordância geral, entre os que acreditam em anjos, que eles foram criados. A concordância é muito menor em relação à época quando foram criados. No livro do Gênesis, há dois relatos da criação: no primeiro, o mundo foi feito em seis dias (Gênesis 1: 2-2: 3); no segundo, o primeiro ser humano (Adão) foi moldado no barro, e então Deus lhe instilou pelas narinas o sopro da vida (Gênesis 2: 7). O Alcorão também afirma que Deus criou o mundo em seis dias (7: 54, 10: 3, 11: 7, 25: 59) e que Adão foi criado do barro (15: 26, 32: 7). Segundo um *Hadith*, Maomé disse que Adão foi criado no último dia, a sexta-feira. Isso concorda com o relato hebraico. Assim, pelo menos as linhas gerais da história da criação dos seres humanos são as mesmas entre judeus, cristãos e muçulmanos. Mas nem as Escrituras hebraicas nem o Alcorão narram explicitamente como e quando os anjos foram criados. Cabe notar também que toda a abordagem dessa questão depende da interpretação do texto sagrado. Essas passagens das Escrituras devem ser entendidas literalmente ou alegoricamente, ou ainda de alguma outra maneira?

No judaísmo (no Talmude) e no islamismo (no Alcorão), os anjos estariam presentes quando Deus criou os primeiros seres humanos. No Talmude, os anjos perguntam a Deus o que ele está fazendo. No Alcorão, eles são convidados a se curvar em homenagem a essa nova criação (o que os anjos fazem, mas Íblis se recusa). Esses relatos indicam que os anjos foram criados antes dos seres humanos, mas não fica claro quanto tempo antes. No Talmude, alguns rabinos dizem que os anjos foram criados no segundo dia, para deixar claro que os anjos não estavam por ali desde o começo e não ajudaram na criação. Outros rabinos estenderam para o quinto dia, na véspera do dia em que os seres humanos foram criados. Um dos primeiros estudiosos muçulmanos, Al-Tabari (838-870), sustentou que os anjos foram criados no sexto dia cedo e mais tarde, no mesmo dia, foi criado Adão. Nenhuma dessas especulações tem muito peso na tradição judaica ou islâmica.

Os cristãos geralmente situam a criação dos anjos no começo das obras de criação. As Escrituras hebraicas começam com as palavras: "No princípio Deus criou os céus e a terra" (Gênesis 1: 1). No século IV, os cristãos expressavam sua fé em "Deus, o Pai Todo-Poderoso, criador do céu e da terra, de todas as coisas visíveis e invisíveis" (Credo Niceno, 325). "Os céus" passaram a ser entendidos como "todas as coisas invisíveis", inclusive os anjos, ao passo que "a terra" foi entendida como "todas as coisas visíveis", isto é, o conjunto da criação material. Isso ficou ainda mais explícito num importante concílio da Igreja na Idade Média: "Criador de todas as coisas invisíveis e visíveis, espirituais e corporais [...] a saber, angelicais e terrenas e então humanas, por assim dizer, comuns, compostas de espírito e corpo" (Credo Laterano IV, 1215).

Porém, havia uma antiga divergência entre os cristãos sobre a época precisa quando os anjos foram criados. Alguns cristãos de língua grega diziam que os anjos foram criados antes do universo físico, outros, principalmente de língua latina, diziam que os anjos haviam sido criados ao mesmo tempo em que o universo físico. Tomás de Aquino argumentava que a opinião latina fazia mais sentido, pois os anjos não constituem um universo próprio; eles e o mundo material formam juntos um só cosmo. Mas ele reconhecia que a resposta não é clara, nem pelas Escrituras nem pela razão natural. Por isso, não se dispôs muito a declarar que quem

7. No Alcorão, os anjos se curvam em adoração a Deus

defendia a visão grega incidia em erro. Há consenso entre teólogos judaicos, cristãos e islâmicos que os anjos foram criados, e antes dos primeiros seres humanos. Mas não há consenso em tradição alguma sobre o momento exato em que foram criados. Isso não foi revelado.

De que são feitos os anjos?

Se os anjos foram feitos, de que foram feitos? Que tipo de corpo têm?

Segundo o Talmude, a essência dos anjos é o fogo. Foram feitos do fogo e são sustentados pelo fogo. Nas Escrituras hebraicas, num dos Salmos, o Senhor "faz dos ventos seus mensageiros, do fogo e das chamas seus ministros" (Salmos 104: 4). Outra fonte possível para essa ideia pode ser o anjo que fala a Moisés na sarça ardente (Êxodo 3: 2), ou talvez a carruagem de fogo que conduz Elias ao céu (2 Reis 2: 11). Na tradição judaica, o fogo também é associado à oração e ao sacrifício, queimando oferendas. Há um episódio interessante no livro dos Juízes, quando um anjo aparece a Gideão. Gideão lhe traz carne, pão e sopa. Mas, ao contrário dos anjos que apareceram a Abraão, este não come os alimentos. Em vez disso, pede a Gideão que os coloque em cima de uma pedra. Então o anjo encosta seu cajado nos alimentos e estes ardem em fogo (Juízes 6: 19-22).

O fogo está associado à luz e ao calor. Ele sobe, na direção do céu. Não tem peso, ao contrário do corpo humano. Apesar disso, nem sempre os anjos aparecem em forma de fogo, e outra teoria presente no Talmude é que os anjos são feitos de uma mistura de água e fogo, Deus impedindo que esses dois elementos se consumam mutuamente.

A crença islâmica está expressa num Hadith bastante conhecido: "Os anjos são criados da luz, assim como os *djinn* são criados do fogo sem fumo e a humanidade é criada do que já vos foi dito [isto é, o barro]". No islamismo, os *djinn* e não os anjos eram feitos de fogo. Os anjos eram feitos do mais sublime dos elementos, a própria luz. Há aqui um paralelo interessante entre a doutrina do islamismo e os escritos do grande teólogo cristão Agostinho de Hipona (uma cidade na África do Norte) (354-430). Agostinho sustentava que os anjos foram criados quando Deus disse "Faça-se a luz" (Gênesis 1: 3). Os anjos são "luz" porque a luz de Deus brilha neles. Deus é a luz eterna, Deus é sabedoria, compreensão e amor. Os anjos foram criados para participar dessa luz e para refleti-la. Usamos a palavra "ver" não só no sentido de enxergar objetos visíveis, mas também no sentido de entender alguma coisa. Da mesma forma, a "luz" pode significar não só a luz que torna as coisas visíveis, mas também a luz do entendimento. Segundo Agostinho, isso explica por que Deus criou os anjos usando as palavras "Faça-se a luz".

Dizer que os anjos são em essência fogo ou que são feitos de luz ajuda a diferenciá-los dos seres humanos e dos outros animais. Os seres humanos e os outros animais são da terra, e nossos corpos voltarão à terra. Os anjos não têm o mesmo tipo de corpo dos seres humanos. São celestes, não terrenos. Até aqui, tudo bem, mas parece que as coisas se complicam se imaginarmos os anjos feitos de fogo comum, o qual sequer é um elemento, e sim um estado da matéria. Se já é difícil pensar que os anjos são feitos de fogo físico, fica ainda mais difícil pensar que são compostos de partículas de luz visível. A luz não é um tipo de material; nos termos da física moderna, ela não tem "massa de repouso". Teremos de imaginar que cada espécie de anjo tem uma determinada temperatura (de fogo) ou um determinado comprimento de onda (de luz)? Num sentido importante, os anjos fazem parte do mundo "invisível". Não podem ser entendidos como são entendidos os corpos físicos. Não existe uma física dos anjos. Ainda hoje pode ser prático dizer que os anjos são feitos de fogo ou de luz, mas apenas se entendermos que é uma maneira metafórica de falar. É uma forma de dizer que os anjos são reais, mas não têm corpo material.

Na Idade Média, surgiu nas três religiões abraâmicas uma abordagem distintamente filosófica na reflexão sobre os anjos. Essa tradição tem suas raízes na filosofia de Platão

(429-347 a.C.) e de Aristóteles (384-322 a.C.), porém transmitida e remodelada por influências judaicas, muçulmanas e cristãs. É essa tradição que se encontra por excelência nas obras de Tomás de Aquino. De acordo com essa maneira de pensar, os anjos são criaturas espirituais com intelecto e vontade, mas sem qualquer espécie de corpo.

Filósofos e anjos

Segundo Platão, a alma humana é algo essencialmente imaterial que preexiste ao corpo e está melhor quando pode escapar a este. À morte, dependendo de como a pessoa viveu, a alma ou se liberta do corpo ou transmigra para outro corpo. Se a pessoa foi má, na próxima vida a alma pode assumir o corpo de um animal irracional – um falcão ou um lobo. Platão também acreditava que, entre os seres humanos e as divindades, havia seres intermediários chamados *daimons*, que podiam inspirar as ideias e ações humanas. Os *daimons* eram superiores aos seres humanos comuns, mas inferiores às divindades. Podiam ser espíritos de heróis mortos. A noção de *daimon* parece ser anterior a Platão, mas a partir dele difundiu-se mais e foi debatida por muitos filósofos.

O discípulo mais brilhante de Platão, Aristóteles, não concordava com a visão platônica de que a alma era melhor sem o corpo. Ele considerava que a alma só fazia sentido como vida de um corpo vivo. Aristóteles foi muito vago sobre a proveniência da parte intelectual da alma humana ou sobre seu destino após a morte. Muitos seguidores seus negaram explicitamente a imortalidade da alma. Por outro lado, Aristóteles partilhava com Platão a ideia de que existem criaturas inteligentes que não possuem corpo. Aristóteles sustentava que as estrelas e os planetas são movidos por esses intelectos incorpóreos.

As ideias de Platão tiveram grande influência sobre um filósofo judeu chamado Fílon de Alexandria (*c.*20 a.C.-50 d.C.), que morava em Alexandria, no Egito. Fílon procurou paralelos entre as ideias gregas e as Escrituras hebraicas. A propósito dos anjos, ele escreveu: "os seres que outros filósofos chamavam de *daimons*, Moisés geralmente chamava de anjos". Fílon também acreditava que "almas, demônios e anjos se diferenciam apenas no nome, mas na realidade são idênticos". Ele parece ter aceitado o conceito platônico de um ciclo de reencarnações com as almas elevando-se ou caindo, tornando-se anjos ou demônios.

Duzentos anos depois, Orígenes (*c.*185-254), outro morador de Alexandria, introduziu essas mesmas ideias na tradição cristã. Orígenes também acreditava que as almas humanas, os anjos e os demônios são coisas da mesma espécie. Ele pensava que, no início dos tempos, cada alma teve a possibilidade de fazer uma escolha; os que escolheram bem tornaram-se anjos, os que escolheram menos bem tornaram-se homens, e os que escolheram mal tornaram-se demônios. Orígenes também acreditava que essa escolha não era única e definitiva. No futuro, um ser humano podia se tornar anjo ou demônio, e um anjo podia cair e se tornar demônio. Também acreditava que pelo menos alguns demônios podiam fazer boas escolhas e se tornar anjos. Orígenes foi muito controverso, e algumas de suas ideias foram rejeitadas. Para seus contemporâneos, parecia que estava defendendo uma versão da reencarnação, ideia que contrariava as Escrituras cristãs.

Agostinho foi influenciado por ambos, Platão e Orígenes. Ele defendia enfaticamente que os seres humanos têm uma alma espiritual e imortal. Acreditava que, se as pessoas refletissem sobre suas experiências e olhassem dentro de si, entenderiam que não eram apenas seres físicos. As concepções de Agostinho mudaram ao longo dos anos, conforme aprofundava suas reflexões sobre as coisas. Em alguns aspectos, ele foi mais crítico de Platão do que tinha sido Orígenes. Agostinho percebeu que Platão não prestava grande respeito ao corpo humano. Opondo-se a isso, Agostinho passou a ressaltar que os seres humanos são muito diferentes dos anjos. Orígenes pensava que algumas almas se tornaram seres humanos e outras se tornaram anjos. Pensava que os anjos tinha corpo, de uma espécie muito leve e sutil. Agostinho contrapôs que as almas humanas e os anjos eram de tipos muito diferentes. Os seres humanos constituíam uma unidade de corpo e alma, mas os anjos não tinham nenhuma espécie de corpo. Eram puro espírito e tinham sido criados assim. Não precisavam de corpo. A concepção de Agostinho tornou-se predominante no cristianismo e foi desenvolvida por Tomás de Aquino. Apesar disso, alguns cristãos posteriores mantiveram a concepção de Orígenes, de que os anjos têm corpo sutil. Tal era a ideia de Milton, por exemplo.

Depois da época de Agostinho, a influência de Platão começou a diminuir gradualmente, e as pessoas passaram a encontrar mais inspiração na filosofia de Aristóteles. Isso se deu nas três tradições abraâmicas: o judaísmo, o cristianismo e o islamismo. O aristotelismo cristão pode ser rastreado até Boécio (*c.*480-525). Porém, só veio a florescer no século XIII, quando as obras de Aristóteles foram redescobertas pelo contato com o mundo islâmico. O aristotélico islâmico mais importante foi o grande polímata persa Ibn Sina, conhecido no Ocidente como Avicena (*c.*980-1037). Ele exerceu grande influência sobre pensadores islâmicos, judeus e cristãos, inclusive Moisés Maimônides e Tomás de Aquino. Todos esses pensadores tentaram compor a filosofia de Aristóteles com uma visão de mundo derivada de suas Escrituras sagradas. Assim interpretaram os "intelectos puros" do sistema aristotélico como anjos de Deus.

Em seu famoso *Guia dos perplexos*, Maimônides disse:

> Já afirmamos antes que os anjos são incorpóreos. Isso concorda com a opinião de Aristóteles: a única diferença são os nomes empregados – ele usa o termo "Intelectos", e nós dizemos "anjos". Sua teoria é de que os Intelectos são seres intermediários entre a Causa Primeira e as coisas existentes, e eles efetuam o movimento das esferas, do qual depende a existência de todas as coisas. Esta é também a concepção que encontramos em todas as partes das Escrituras: descreve-se que todo ato de Deus é realizado por anjos.

Tomás de Aquino citou essa passagem, dando sua aprovação. Vale notar que, naquela época, havia uma interação positiva entre autores judeus, islâmicos e cristãos. Era um período com grandes tensões entre suas respectivas comunidades, com surtos de conflitos, perseguições e lutas armadas. Mesmo assim, as maiores inteligências dentro de cada comunidade reconheciam suas mútuas dívidas, e um símbolo disso é a tradição sobre os anjos, comum a elas.

Entre os autores islâmicos, judeus e cristãos havia a mesma vontade de combinar filosofia e fé. Usavam Aristóteles, que era cético e pagão, mas oferecia a melhor compreensão filosófica do mundo disponível naquela época. Eles integraram essa filosofia com uma visão da vida dada pelas Escrituras sagradas: o Alcorão ou a Bíblia. Tinham em comum a crença nos anjos como mensageiros de Deus e em suas Escrituras compartilhavam os mesmos relatos. O que é exposto a seguir baseia-se especialmente em Tomás de Aquino. Ele reconhecia sua dívida com Ibn Sina e "o rabino Moisés" (Maimônides). Mesmo assim, foi o próprio Aquino quem elaborou a exposição mais sólida e desenvolvida, na verdade a exposição mais importante de todos os tempos, sobre a natureza dos anjos.

Espíritos puros, sem corpo

Em seu tratado dos anjos, Tomás de Aquino começava pela pergunta: "São os anjos totalmente incorpóreos?". No mundo antigo, escreveu ele, muitos pensavam que não existia nada além do que podiam ver e sentir: corpos físicos. Em nossos dias, essa atitude antiga está ultrapassada, pelo menos entre alguns. As realizações das ciências físicas e da tecnologia moderna parecem mostrar que o que importa essencialmente é apenas o mundo físico que podemos pesar e medir.

Tomás de Aquino assinalou que, mesmo quando pensamos sobre coisas materiais, nossos pensamentos não são físicos. Se sabemos que a neve é branca e fria, esse conhecimento não é branco nem frio. Quando penso na neve, a

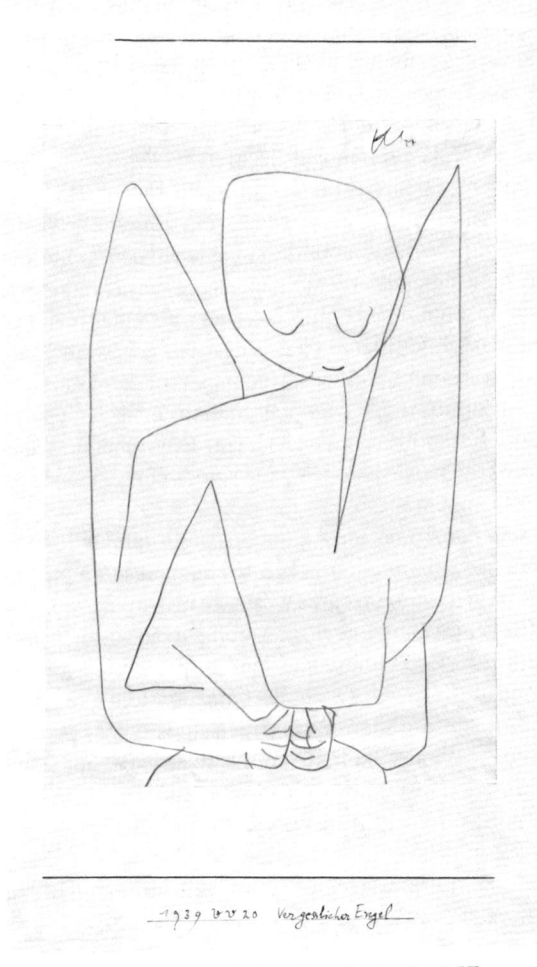

8. *Anjo esquecido* (*Vergesslicher Engel*), de Paul Klee, está esquecido de sua natureza angelical, mas ainda existe de alguma maneira

neve não está fisicamente presente em minha cabeça. Podemos dizer "o pensamento está em minha cabeça", mas tampouco isso é realmente verdade – os pensamentos se referem a objetos físicos, mas eles não são objetos físicos. Minha esposa está sempre em meus pensamentos, mas ela, literalmente, não está em minha cabeça.

Podem existir realidades que não são objetos físicos. Temos mais facilidade em pensar em coisas que podemos tocar, segurar e ver. Temos dificuldade em pensar mesmo em coisas muito grandes (como galáxias) e coisas muito pequenas (como átomos). Sentimos vertigens ao tentar imaginá-las. Ainda mais difícil para nós é pensar em coisas que não são físicas, como números ou princípios morais. Assim, não é fácil pensarmos o que é ter pensamentos conscientes – refletir sobre nossa própria consciência. E no entanto sabemos que a consciência é algo real, que somos conscientes e outras pessoas também o são.

Segundo Tomás de Aquino, os anjos também são reais, embora não sejam físicos. Os seres humanos têm propriedades físicas (ser alto ou careca, estar resfriado) e propriedades não físicas (ser inteligente, ter compaixão, estar pensando sobre a neve). Os anjos não têm corpo, portanto não têm propriedades físicas. Os seres humanos têm um ciclo de vida. Nascemos e morremos. Precisamos comer para viver. Quando comemos, entram coisas dentro de nós; quando respiramos, transpiramos ou fazemos nossas necessidades, saem coisas de dentro de nós. Somos diferentes entre nós, devido aos pais que tivemos, ao local onde nascemos ou crescemos, ao que fazemos, mas também compartilhamos uma mesma humanidade. Se os anjos não têm corpo, nada disso se aplica a eles. Anjos não nascem nem morrem. Não comem. Não engordam nem emagrecem. Não têm peso. Um não é mais alto do que outro.

Como, então, você pode diferenciar dois anjos? Foi um verdadeiro problema para Tomás de Aquino. Ele pensava que o que diferenciava dois seres humanos estava relacionado a sua vida física – em resumo, estou aqui e você está ali, este é meu corpo e esse outro é o seu. Isso levou Aquino a dizer algo bastante misterioso – que só pode existir um anjo de cada espécie. Todos os seres humanos pertencem à mesma espécie – todos os seres humanos têm genitores humanos. Mas anjos não têm genitores e não nascem num determinado lugar. Eles não se diferenciam pela história de seus corpos.

Então isso significa que existe apenas um anjo – que corre por todos os lados, como Beau Geste, para dar a impressão de que é um grande exército? Tomás de Aquino aceitava a noção comum a judeus, cristãos e muçulmanos de que existia um grande número de anjos. Sua solução foi dizer que cada um desses anjos é de uma espécie distinta. Existem tantas espécies de anjos quantos são os anjos existentes. Assim como há milhões de espécies de insetos, há um número ainda maior de espécies de anjos, "muito além de qualquer quantidade material".

Os anjos não têm corpo, mas com frequência aparentam ter. Por exemplo, os três anjos que visitaram Abraão se sentaram e comeram. Tomás de Aquino respondeu que, para serem vistos, os anjos às vezes adotavam um corpo material que faziam a partir de ar condensado. Parece um corpo humano, mas não é um corpo vivo. É mais como se fosse uma marionete movida pelo anjo. Por isso, Aquino afirmava que os anjos não comem nem bebem realmente. Quando visitaram Abraão, os anjos não comeram de fato. Em apoio a isso, Tomás de Aquino citou a passagem do livro de Tobias, em que o anjo diz: "Quando eu estava convosco, pareceu-vos que eu comia e bebia, mas o que víeis era uma miragem" (Tobias 12: 19). Neste ponto, Tomás de Aquino concorda com a Midrash judaica: "Os anjos que apareceram a Abraão apenas simularam comer". Da mesma forma no Alcorão os anjos, ao visitar Abraão, não comeram.

Como os anjos não nascem nem morrem, não comem nem dormem, segue-se que não se casam nem têm filhos. É o que afirma Jesus explicitamente ao dizer que, no mundo após o juízo, quando os mortos se erguerem, não se casarão, mas serão "como os anjos no céu" (Mateus 22: 30). Todas as tradições abraâmicas concordam que os anjos foram criados no início ou logo após o início do mundo. Não são como seres humanos, que se sucedem ao longo das gerações.

Grande parte da vida humana está relacionada ao ciclo de vida e morte, à brevidade da existência, à necessidade de alimento e abrigo, à vulnerabilidade à doença e a ferimentos. Nada disso se aplica aos anjos. Milton, que acreditava que os anjos possuíam de fato alguma espécie de corpo, defendeu a ideia de que os anjos comem e bebem (e até mantêm relações sexuais). Isso fazia parte de uma tentativa aparentemente deliberada de humanizar a vida dos anjos, como maneira de dramatizá-la. Seus anjos ficavam parecendo, de certa forma, com os deuses homéricos da Grécia antiga. Apesar disso, Milton é uma exceção na tradição. A apresentação clássica dos anjos, tal como se desenvolveu desde Fílon, passando por Agostinho e Dionísio, até Ibn Sina, Maimônides e Tomás de Aquino, mostra os anjos como radicalmente diferentes dos seres humanos. Na Idade Média, falar sobre os anjos era, muitas vezes, uma maneira indireta de falar sobre os seres humanos. Voltaremos a este tema no final do livro. Os anjos podem oferecer um espelho que nos ajuda a avaliar a vida humana. No entanto, esse espelho funciona principalmente por contraste. Pensar sobre os anjos, que não têm corpo, ajuda-nos a avaliar até que ponto, de fato, grande parte da vida humana está ligada ao fato de termos um corpo.

Capítulo 4

Mensageiros divinos

Anjos como mensageiros

A palavra anjo (*malach*) é apenas a palavra hebraica comum para mensageiro. O mesmo ocorre em árabe e em grego. É a palavra grega *angelos* que dá origem à palavra *angel* em inglês [e *anjo* em português]. No capítulo anterior, vimos como filósofos como Ibn Sina, Moisés Maimônides e Tomás de Aquino refletiram sobre os anjos e do que eram ou não eram feitos. Para Aquino, os anjos eram essencialmente intelecto puro, mentes sem corpo. Isso contrasta com os seres humanos, que são, "por assim dizer, comuns, compostos de espírito e corpo" (Credo Laterano IV). No entanto, a tradição dos anjos não se inicia com essa pergunta sobre a substância de que são feitos. Ela se inicia com um encontro, com a vinda dos anjos como mensageiros. Segundo Agostinho, a palavra "anjo" é o nome não de uma natureza, e sim de uma função. Não há por que não chamar um ser humano de anjo, se ele está atuando como mensageiro. A palavra veio a designar alguém que traz uma mensagem de Deus, mas esse alguém ainda podia ser um ser humano. O apóstolo Paulo disse sobre si mesmo: "Não me desdenhaste nem me desprezaste, mas me recebeste como anjo de Deus" (Gálatas 4: 14).

Um dos momentos fundamentais na história dos credos abraâmicos é a visita dos anjos a Abraão. Chegaram como estranhos e hóspedes, mas, antes que partissem, o Senhor disse a Abraão: "Certamente retornarei a ti na primavera, e Sara, tua mulher, terá um filho" (Gênesis 18: 10). No Alcorão, os anjos dizem: "Não tenhas medo" e dão a boa notícia de um filho inteligente (51: 28). Os anjos estão falando a Abraão, mas Sara entreouve, como seguramente se espera. Não é apenas uma mensagem para Abraão, a figura patriarcal sentada com os anjos, mas talvez seja ainda mais uma mensagem para Sara, a mulher sem filhos que prepara a refeição. Nessa época, Sara já é velha. Segundo o Alcorão, ela olha sua pele enrugada e diz: "Sou uma velha estéril" (51: 29), e por isso ri ao ouvir as palavras dos anjos.

Esse relato é irônico em vários níveis. A pretendida destinatária da mensagem está oculta dentro da tenda. Ela apenas "entreouve" a mensagem. Ao ouvir a mensagem, a mulher ri, mas não de alegria, e sim com uma amarga ironia, pois a mensagem parece inacreditável. Mesmo assim, essa risada adquirirá um novo sentido quando a mensagem se demonstrar verdadeira, com o nascimento do menino. A história é engraçada, mas não de uma pilhéria cruel. É a pilhéria que revela a boa notícia de maneira indireta e por alusão. Essa forma de comunicação engraçada, irônica ou semidisfarçada não é exceção, e sim típica das histórias dos anúncios feitos por anjos. Mesmo quando a mensagem é clara, muitas vezes é entendida de maneira errônea e, conforme se desenrola a história, parece que a mensagem precisa ser entendida gradualmente.

Embora o relato seja deliberadamente simples e engraçado, a mensagem tem uma importância não só individual. O nascimento de Isaac não é apenas um momento de alegria para os novos pais. Também marca o início da história de um povo e faz parte da narrativa de sua fundação. O filho de Abraão é Isaac. Isaac tem dois filhos: Esaú e Jacó. Jacó tem doze filhos, e cada um deles é pai de uma das doze tribos de Israel. Assim, o que parecia ser um mero comunicado pessoal, nem sequer ouvido, mas entreouvido, era também um anúncio de tal importância que continua a dar forma ao mundo até hoje. Essa mescla paradoxal entre o pessoal e o universal também é típica dos relatos das Escrituras sobre os anúncios dos anjos. A comunicação angelical é sempre pessoal, dirigida a uma ou duas pessoas. Não é um anúncio público perante multidões ou autoridades do estado. Ela se situa na fronteira entre o privado e o público: uma mensagem dada em particular, mas com importância pública.

O mesmo caráter paradoxal da mensagem dos anjos se encontra no episódio de Moisés e a sarça ardente. Moisés vê um arbusto em chamas, mas que não se consome. O fogo misterioso é, na verdade, um anjo, que fala a Moisés por entre a sarça. O Senhor diz que tem visto o sofrimento do povo e está enviando Moisés para libertá-lo. Moisés pergunta o que deve dizer ao povo, se perguntarem quem o enviou. O Senhor responde: "Eu sou quem eu sou. Dize ao povo de Israel, 'EU SOU enviou-me a vós'" (Êxodo 3: 14). Isso parece uma resposta, mas outros consideram como uma recusa em dar uma resposta. A resposta do anjo deixou aos teólogos uma quantidade muito maior de perguntas e discussões do que se não tivesse respondido nada, e mesmo assim também parece revelar alguma coisa. A mensagem vem d'Aquele que simplesmente *é*, e de quem vieram todas as outras coisas. O anjo, parecendo dar nome a esse mistério, resiste indiretamente à tentativa de lhe dar um nome.

Transmitindo a mensagem

O caráter paradoxal da mensagem angelical também aparece no fato de que, quando um anjo fala, geralmente há alguma confusão sobre quem está falando. Depois que Abraão providencia comida e bebida para os anjos, estes lhe dizem: "Onde está Sara, tua mulher?". E então o Senhor diz: "Certamente retornarei a ti na primavera, e Sara, tua mulher, terá um filho". O relato passa de "eles dizem" para "o Senhor diz". Como é isso? Devemos entender que um dos "homens" é o Senhor e os outros dois são anjos? Não parece correto. Além disso, a mesma mudança ocorre em outras passagens, quando só há um anjo presente.

Quando Moisés vê a sarça ardente, consta: "O anjo do Senhor apareceu a Moisés numa chama de fogo entre uma sarça" (Êxodo 3: 2). Mas, logo que começa a falar, é "o Senhor" que fala. O mesmo padrão aparece quando um anjo se manifesta a Gideão (Juízes 6: 11-14).

Alguns teólogos cristãos primitivos viram nessa alternância de vozes uma prova de que "o anjo do Senhor" era realmente Jesus, aparecendo sob a forma de um anjo. Trataremos mais adiante, neste capítulo, da ideia de que alguns anjos eram Jesus ou de que Jesus era um anjo. Alguns intérpretes modernos da Bíblia sustentam que as diversas vozes provam que houve uma mistura de duas versões do episódio, uma em que um anjo fala e outra em que Deus fala. No entanto, a velha teoria de "Jesus como anjo" e a nova teoria das "múltiplas versões" não são realmente necessárias. Há uma explicação mais simples.

Para o povo hebraico antigo que transmitiu esses relatos por via oral e para os primeiros que puseram esses relatos por escrito, o anjo de Deus estava falando por Deus. É este o centro da questão. Se o anjo está falando por Deus, então o episódio às vezes será narrado como se Deus estivesse falando diretamente, enquanto outras vezes ele deixará explícito que é o anjo que está falando.

Gabriel, o anunciador

Em geral, nas Escrituras hebraicas, quando um anjo fala, ele fica transparente, por assim dizer. A voz do anjo é a voz de quem envia o anjo, e a personalidade do anjo em si não é visível. Apenas em livros posteriores, como o de Daniel, os anjos receberam nomes. Segundo o livro de Daniel, Gabriel é uma figura "com a aparência de um homem" que explica o significado da visão de Daniel (Daniel 8: 15-16). Ele chega num "voo veloz" para trazer conhecimento e entendimento a Daniel (9: 21). O nome Gabriel significa "poderoso homem de Deus" (do hebraico *Gabar*, poderoso) e tem a conotação de dirigente ou guerreiro.

O arcanjo Gabriel é uma figura muito conhecida, que aparece em vários outros livros judaicos e no Talmude, mas sua fama deriva do papel que desempenha no Novo Testamento e no Alcorão.

No Novo Testamento, Gabriel aparece pela primeira vez na história de Zacarias e Isabel. O anjo diz seu nome, mesmo sem que lhe perguntem: "Sou Gabriel, que fico na presença de Deus; e fui enviado para te falar e te trazer essa boa-nova" (Lucas 1: 19). Gabriel vem anunciar o nascimento de João Batista. Essa história guarda estreito paralelo com a história de Abraão e Sara e o nascimento de Isaac. Como Sara, Isabel não teve filhos e agora está na velhice. Como Abraão, Zacarias é visitado por um anjo que lhe diz que sua esposa terá um filho. No relato hebraico, é Sara quem não crê na mensagem, ao passo que no Novo Testamento é Zacarias quem não acredita. Por causa disso, Zacarias fica mudo até o nascimento do filho.

O episódio, que é bastante notável, fica imediatamente eclipsado por outra história, que é a razão pela qual o nome de Gabriel é conhecido em toda a face da terra. Depois de falar a Zacarias, Gabriel é enviado a uma jovem chamada Maria, para lhe anunciar o nascimento de Jesus (Lucas 1: 26-7).

O anúncio do nascimento de Jesus é o início da "boa--nova", que constitui o cerne da fé cristã. O relato mostra Jesus como o salvador prometido, o Cristo, que veio com uma mensagem não só para o povo judaico, mas para todos os povos. Enquanto o episódio de Zacarias e Isabel é muito parecido com episódios anteriores nas Escrituras hebraicas, o episódio de Maria é novo. Isso também é simbolizado pela velhice de Zacarias e Isabel, ao passo que Maria é jovem.

O momento em que o anjo aparece a Maria cativou a imaginação cristã e gerou sermões, poemas, músicas e pinturas. É, talvez, a imagem de anjo pintada com maior frequência. Maria é retratada tipicamente como uma jovem, os olhos baixos, as mãos cruzadas diante do peito, apontando levemente para dentro. O gesto sugere humildade, como se dissesse "Como pode ser?", mas é uma imagem não de dúvida, e sim de aceitação, "Cumpra-se em mim o que disseste". Enquanto Maria parece imóvel, a figura de Gabriel, por outro lado, mostra atividade, com as mãos também cruzadas em sinal de respeito, mas com um senso de urgência na maneira como se inclina para frente, como se ansioso em dar a notícia. A cena às vezes é representada num jardim fechado, simbolizando a virgindade de Maria. O artista se esforça em capturar uma disposição de espírito que mescla perplexidade, aceitação e

9. A Anunciação (aqui, de Fra Angelico) era um tema muito caro aos artistas cristãos

alegria. Para os cristãos, este é um momento crucial na história da salvação. É o momento em que Jesus é concebido no ventre de Maria e o Verbo se faz carne.

Muitos cristãos não sabem quantos elementos da história do evangelho se repetem no Alcorão. Tanto o episódio do nascimento de João Batista quanto o do nascimento de Jesus aparecem duas vezes no Alcorão (3: 38-47; 19: 2-21). Zacarias é apresentado como um velho sem filhos. "Os ossos ficaram frágeis em meu corpo, e meu cabelo está encanecido", ele diz (Alcorão 19: 4). Em resposta a esta prece, Deus envia seus anjos, que chamam Zacarias quando ele está orando no santuário (3: 39). Analogamente, Zacarias fica mudo como sinal, mas sua mudez não é atribuída a nenhuma falta de fé.

Então os anjos anunciam: "Ó Maria, Deus te dá uma boa-nova: uma mensagem dele que diz 'O Messias, Jesus, filho de Maria. Ele será grande nesta vida e no além, e um dos mais próximos a mim'" (Alcorão 3: 45). Na segunda versão dessa história, é apenas um anjo que é enviado a Maria sob a forma de ser humano. Esse anjo diz: "Sou o mensageiro de teu Senhor, para te conceder um filho puro" (19: 19). No

Alcorão, como no Novo Testamento, fica claro que Maria é virgem e que Jesus é concebido por um milagre. No Alcorão, o anjo não é explicitamente nomeado como Gabriel, e é citado como "nosso espírito". Em várias passagens (por exemplo, Alcorão 26: 193), o Alcorão parece se referir a Gabriel como espírito de Deus ou como "o espírito honesto", e os muçulmanos acreditam que Gabriel apareceu a Maria.

De um ponto de vista islâmico, o papel de Gabriel tem seu ponto culminante ao revelar a palavra de Deus ao profeta Maomé. "Quem se opuser a Gabriel que saiba que ele trouxe (o Alcorão) a teu coração, de acordo com a vontade de Deus" (Alcorão 2: 97).

Assim, Gabriel aparece explicitamente nas Escrituras de judeus, cristãos e muçulmanos. Ele é o anunciador: aquele que anuncia a boa-nova e revela os desígnios ocultos de Deus. A palavra "anjo" significa "mensageiro" e, entre todos os anjos, Gabriel é o próprio arquétipo do mensageiro. Os cristãos de diversas igrejas e em diferentes épocas celebram a festa de Gabriel em dias diferentes. O dia da anunciação, quando o anjo apareceu a Maria, é 25 de março (nove meses antes do Natal!), e algumas vezes Gabriel recebe seu feriado no dia anterior (entre os católicos ocidentais) ou no dia posterior (entre os ortodoxos orientais). Atualmente, é usual celebrar todos os arcanjos juntos em 29 de setembro (católicos) ou em 8 de novembro (ortodoxos). Gabriel é o santo protetor dos mensageiros, carteiros e trabalhadores nas telecomunicações.

Jesus como o grande anjo

No judaísmo, no cristianismo e no islamismo, os anjos são vistos como mensageiros de Deus. Isso se vê em muitas passagens das Escrituras hebraicas, do Novo Testamento, no Talmude e no Alcorão. Quando Deus tem uma mensagem, ele envia um anjo para entregá-la. Mas, para os cristãos, o maior mensageiro de Deus é Jesus. Jesus não é apenas um mensageiro, é a própria mensagem: ele é a "Palavra de

Deus". É uma posição muito diferente da maneira como os muçulmanos veem Maomé. Maomé é visto como o último e o maior dos profetas, mas o foco não recai sobre o mensageiro, e sim sobre a mensagem: a palavra escrita do Alcorão. É o Alcorão que é visto como a palavra de Deus. É por isso que os muçulmanos não se denominam a si mesmos de maometanos. Maomé não é a mensagem: é apenas o mensageiro.

Segundo a fé cristã, a vinda do mensageiro é, ela mesma, a boa-nova. Um dos temas nas Escrituras hebraicas é a profecia de que Deus enviará um salvador. A promessa é repetida em vários livros, especialmente no de Isaías. O salvador será um descendente do rei Davi, e às vezes é chamado de Messias (em hebraico) ou de Cristo (a mesma palavra em grego), que significa aquele ungido com óleo. Os cristãos acreditam que Jesus é o Cristo, o enviado por Deus.

Na Igreja primitiva, uma das maneiras de expressar essa crença era dizer que Jesus era um anjo, ou melhor, *o* anjo, o "grande anjo". Chamavam-no de anjo porque, no livro de Isaías, o salvador era descrito como um anjo. Uma das passagens mais famosas no livro de Isaías (9: 6) promete o nascimento de um filho. Essa passagem provavelmente é conhecida, pois é muito utilizada na época de Natal:

> Porque um menino nos nasceu,
> um filho nos foi dado,
> e o governo estará em seus ombros.
> E ele será chamado
> Maravilhoso Conselheiro, Deus Poderoso,
> Pai Eterno, Príncipe da Paz.

Quando essa passagem foi traduzida na Septuaginta, o tradutor judeu talvez tenha ficado constrangido em chamar o salvador de "Deus poderoso" e, em lugar disso, escreveu: "Porque um menino nos nasceu [...] e ele será chamado 'Anjo do Grande Conselho'".

A Septuaginta teve grande influência entre os cristãos, e assim eles adotaram esse título e o aplicaram a Jesus. Jesus era o "Anjo do Grande Conselho", o grande anjo que veio com a boa-nova da salvação. Essa maneira de entender Jesus foi muito usual entre os cristãos da Igreja primitiva. Um dos primeiros grandes autores cristãos, Justino Mártir (c.100-165), utiliza várias vezes esse título em seus escritos.

Por que já não é usual referir-se a Jesus como o grande anjo? O problema disso, para os cristãos, é que essa linguagem poderia sugerir que Jesus não era realmente humano. Se um ser humano age como mensageiro de Deus, poderíamos chamá-lo de "anjo". A palavra anjo em hebraico ou grego significa apenas mensageiro. Mas, quando ouvimos a palavra "anjo", nossa tendência é pensar não em mensageiros humanos, e sim em mensageiros puramente espirituais, como o anjo Gabriel.

Nos primeiros séculos do cristianismo, havia quem pensasse que Jesus era um salvador enviado por Deus, mas sem acreditar que fosse realmente um ser humano. Pensava-se que apenas aparecia como humano, mas que na verdade era como um anjo. Eram os chamados "docetistas", porque Jesus não era realmente humano, mas apenas parecia ser (*doceo*, em grego). O cristianismo dominante rejeitou o docetismo, pois, para os cristãos, era importante que Jesus fosse um ser humano real. Se Jesus não fosse realmente humano, então não teria sofrido ou morrido de fato, e toda a mensagem do cristianismo estaria baseada numa falsidade.

Outra razão para que os cristãos hesitassem em dizer que Jesus era um anjo consistia na crença de que Jesus era a encarnação de Deus. O Concílio da Calcedônia (451) determinou que Jesus era "verdadeiramente Deus e verdadeiramente homem", mas um anjo não é nem Deus, nem homem.

Sob uma perspectiva cristã, tudo o que se diz sobre o papel dos anjos é dito em grau supremo sobre Jesus. Ele revela Deus aos seres humanos. Por isso, os cristãos primitivos às vezes chamavam Jesus de "o grande anjo". Mesmo na Idade Média, houve uma famosa visão de Francisco de Assis (1181-1226), que viu um serafim que tinha entre suas asas a figura de Cristo crucificado. A partir daquele momento, as chagas de Jesus, os "estigmas", apareceram espontaneamente nos pés e nas mãos de Francisco. Essa visão inspirou várias representações de Jesus como serafim, desde Giotto até o presente. Apesar disso, a tradição cristã dominante tem considerado as representações de Jesus como anjo como potencialmente enganosas e equivocadas. Um anjo não é Deus nem é de carne e osso, ao passo que os cristãos acreditam que Jesus é tanto "a Palavra de Deus" quanto "o Verbo encarnado" (João 1: 14).

A ambivalência sobre os anjos

Os cristãos passaram a se sentir incomodados em chamar Jesus de anjo. Este é um exemplo particular de um padrão mais geral no judaísmo, no cristianismo e no islamismo. Todos eles incluem crenças e histórias de anjos, mas também abrigam certa ambivalência a respeito deles.

A mensagem dessas religiões, em última instância, não vem dos anjos e não se destina a anjos, nem se refere essencialmente aos anjos. Se acredita-se na mensagem, crê-se que ela vem de Deus. Da mesma forma, a mensagem não é destinada aos anjos. É destinada aos seres humanos. É uma mensagem de Deus para os seres humanos sobre como viver e encontrar a paz com Ele. Os anjos trazem a mensagem. Os anjos anunciam a boa-nova. Mas a mensagem não começa nem termina neles. Se os anjos se tornassem o elemento central, haveria o perigo de se esquecer de onde veio a mensagem ou a quem se destinava.

Vê-se essa ambivalência em todas as Escrituras judaicas. Por exemplo, segundo o Salmo 8 (na Septuaginta), os seres humanos foram criados "um pouco abaixo dos anjos". Mais tarde, os seres humanos serão "coroados com glória e honra". Isso parece indicar que os seres humanos estarão acima dos anjos.

O Novo Testamento é explícito em sua ambivalência. Na epístola aos Hebreus, os anjos aparecem como "espíritos ministradores" enviados para servir aos seres humanos. Se o mundo é um banquete, os anjos são os serventes, os seres humanos são os convidados e Deus é o anfitrião. A epístola prossegue e afirma explicitamente que Deus está interessado "não nos anjos", e sim nos descendentes de Abraão (Hebreus 2: 16), na verdade em todos os seres humanos.

Tal como o Novo Testamento, o Talmude também é explícito em dizer que pelo menos alguns seres humanos (os bons) estão num nível superior ao dos anjos. Entrarão num céu que nem aos anjos é permitido entrar. Quando o povo de Israel louva a Deus, os anjos devem ficar em silêncio e aguardar até o final, antes de entoar seus louvores. O Talmude também escolhe alguns indivíduos em particular: Ezequiel, que louva a Deus antes dos anjos, e Adão. O primeiro ser humano não só é servido por anjos (com carne assada!) como é também adorado por eles como imagem de Deus. A ideia de que os anjos adoravam Adão se encontra igualmente no Alcorão. "E nós te criamos e então te demos forma, e dissemos aos anjos: 'Prostrai-vos diante de Adão', e eles se prostraram" (7: 11-12).

A ideia de que os seres humanos tivessem de adorar os anjos é vivamente rejeitada no judaísmo, no cristianismo e no islamismo. Em sua epístola aos Colossenses, Paulo critica os que insistem na "humilhação a vós mesmos e o culto dos anjos" (Colossenses 2: 18). Adorar os anjos é uma maneira de humilhar a si mesmo porque os anjos foram enviados para servir aos seres humanos, e não para serem adorados por eles. Analogamente, o Talmude considera o culto aos anjos como uma espécie de idolatria. Dois exemplos são a adoração de imagens dos querubins e a invocação do nome do arcanjo Miguel. O Talmude é claro em afirmar que nenhum anjo, por mais excelso que seja, pode ser adorado como divindade.

Nas Escrituras hebraicas, quando o anjo do Senhor visita Manoá, este lhe oferece um cabrito. O anjo lhe diz que adore a Deus. "Mesmo que me detenhas, não comerei de tua comida; mas se preparares uma oferenda no fogo, oferece-a a Deus" (Juízes 13: 16). A mesma ideia fica ainda mais explícita no Novo Testamento, quando João se prostra em adoração aos pés de um anjo, que lhe mostrou a visão. O anjo diz a ele: "Não faças isso! Sou um servo contigo e teus irmãos, os profetas, e com aqueles que guardam as palavras deste livro. Adora a Deus!" (Apocalipse 22: 8-9).

Comentando passagens como estas, Agostinho de Hipona afirma que os bons anjos não gostam de receber a adoração que é devida a Deus. Tomás de Aquino demonstra sua aprovação ao citar tal ideia. Durante a Reforma, os cristãos protestantes criticaram o costume católico romano de fazer imagens de santos e anjos. Consideravam uma prática próxima demais da idolatria. Mas os próprios católicos são muito claros em sustentar que é sempre errado adorar anjos ou lhes prestar as honras que cabem apenas a Deus. Não vem ao caso adorar anjos. Os anjos são os mensageiros, não a mensagem.

Contatos imediatos de tipo angelical

Se mesmo as grandes tradições da fé religiosa são ambivalentes em relação aos anjos, a ambivalência é ainda maior no mundo contemporâneo. Há imagens de anjos por todas as partes, e eles são prontamente identificáveis, mas as pessoas não se sentem muito à vontade para levá-los a sério. Os anjos são coloridos demais, quixotescos demais, fascinantes demais para serem objetos de comentários sérios. Ainda assim é possível, no mundo moderno, dizer que há um mistério por trás do universo, uma razão para estarmos aqui. É relativamente comum acreditar, ou pelo menos acreditar em certa medida, que uma parte espiritual da pessoa vive após a morte. Muitos filósofos podem falar e falam seriamente sobre a existência de Deus e a imortalidade da alma. Mas pouquíssimos deles falam a sério sobre os anjos. O lugar de tais discussões é o mosteiro ou o jardim de infância. Quem diz que realmente viu anjos ou ouviu vozes angelicais encontrará apenas ceticismo. A reação mais habitual é que se trata de um delírio e que a pessoa pode estar precisando de auxílio médico ou psiquiátrico.

O interessante é que, apesar dessa relutância cultural em massa de levar os anjos a sério, de encarar a existência deles como seres vivos de verdade, ainda há muita gente que afirma ter encontrado um anjo. A estudiosa Emma Heathcote-James realizou um estudo interessante sobre as pessoas do Reino Unido que afirmam ter visto um anjo. Ela classificou as experiências em visão, audição, tato e olfato (relativamente comum) e examinou o contexto da experiência e seu significado para a pessoa. De maneira talvez um tanto surpreendente, foi bem amplo o leque de pessoas que diziam ter encontrado um anjo. Eram, na maioria, cristãos, refletindo a população do Reino Unido, mas também se apresentaram muçulmanos e judeus. Trinta por cento não declarou nenhuma religião e, talvez ainda mais surpreendente, 10% dos que declararam ter passado pela experiência se disseram ateus ou agnósticos.

Essas experiências se deram em diferentes épocas na vida das pessoas, mas sobretudo na meia-idade. Um traço comum entre os depoentes foi a reticência em falar sobre o assunto. O contato era tido como experiência extremamente pessoal, mas também como algo que poderia ser mal interpretado por outras pessoas. Desde que comecei a escrever este livro, conheci muitas pessoas que me disseram ter visto ou ouvido um anjo. Ao contrário de Heathcote-James, não me dediquei a perguntar às pessoas sobre o assunto, mas, quando mencionava que estava escrevendo um livro sobre anjos, às vezes elas respondiam comentando suas experiências.

Os tipos de experiências tratados por Heathcote-James se distinguem dos grupos religiosos que se concentram em "sinais e prodígios", em profecias e curas milagrosas, pois, nessa atmosfera muito intensa, parece quase natural ver um anjo. Distinguem-se também das tendências espiritualistas do *New Age* cristão, em que cabe um papel central aos anjos que guiam ou curam. Há subculturas no mundo moderno que levam muito a sério o assunto dos anjos e demônios. O trabalho de Heathcote-James é interessante: mostra que, fora dessas subculturas, entre pessoas comuns e normais no mundo moderno, sejam religiosas ou não, há muitas que acreditam ter encontrado um anjo. Geralmente acontece quando estão sozinhas ou com mais uma ou duas pessoas, muitas vezes não num ambiente religioso, e sim em alguma situação de necessidade.

Na Inglaterra, essas pessoas são cautelosas em comentar suas experiências em público. Mesmo quando escrevia este livro, várias me sugeriram evitar esse fenômeno bastante estranho e embaraçoso de ver anjos e me concentrar sobre os anjos na arte e na doutrina religiosa. Mas é preciso lembrar que a arte, tal como a religião que ela expressa, tem em suas raízes a experiência de pessoas que acreditavam estar na presença de anjos, desde Ezequiel a William Blake. Sem dúvida, em alguns casos as vozes ou visões de anjos são sintomas de algum distúrbio mental, ou em outros casos são fruto de alguma perturbação emocional ou de uma imaginação excessiva. Mas o estudo de Heathcote-James mostrou que, na maioria, as pessoas que afirmam ter encontrado anjos não se diferenciam da população em geral. São pessoas comuns que viveram uma experiência incomum. A história da reflexão sobre os anjos começa como uma reflexão sobre esses encontros, iniciando-se com aquele encontro arquetípico entre Abraão e os estrangeiros que o visitam em Mamres.

Capítulo 5

Espíritos ministradores

Rafael, o curador

A história do arcanjo Rafael é narrada no livro de Tobias. O livro conta a história de um homem chamado Tobit, um israelita da tribo de Naftáli que vive no exílio. É um homem íntegro e arrisca a vida para dar sepultura adequada a corpos de israelitas que foram mortos. Numa noite, estando muito quente, ele foi deitar-se no pátio ao ar livre, com o rosto desprotegido, e caíram em seus olhos alguns excrementos de pardais. "Fui aos médicos para me curarem, mas, quanto mais me tratavam com unguentos, mais minha vista se obscurecia com as manchas brancas, até que fiquei completamente cego" (Tobias 2: 10). Enquanto isso, num povoado a alguma distância, uma parente sua chamada Sara é atormentada por um demônio. Ela fora "casada com sete maridos, e o pérfido demônio Asmodeu tinha matado cada um deles antes que se deitassem com ela" (Tobias 3: 8).

Tobit e Sara rezam, e Deus envia um anjo para ajudá-los. Tobias, filho de Tobit, sai para receber um dinheiro de um parente afastado, mas está destinado a encontrar Sara, por quem se apaixonará e com quem se casará. O anjo Rafael acompanha Tobias disfarçado como companheiro de viagem. O cão de Tobias também vai junto. No caminho, eles apanham um peixe enorme. Mais tarde, Rafael usa o fígado e o coração do peixe como incenso para expulsar o demônio e o fel da vesícula como unguento para curar a cegueira de Tobit.

"E Rafael foi enviado para curar ambos: Tobit, removendo as manchas brancas de seus olhos, para que pudesse enxergar a luz de Deus; e Sara, filha de Raguel, dando-a em casamento a Tobias, filho de Tobit, e libertando-a do pérfido demônio Asmodeu" (Tobias 3: 17). O nome Rafael significa "Deus cura".

É fácil ver por que esse conto não foi incluído em algumas Bíblias. Apesar da ambientação histórica, é de fato um romance. Tem mais em comum com o colorido folclore árabe de *As mil e uma noites* do que com o encontro bíblico muito mais discreto entre Abraão e os anjos. Mas, apesar disso, ou talvez por causa disso, esse livro continuou muito difundido e foi incluído na tradução da Septuaginta. Está na Bíblia católica grega e eslava e no apêndice de algumas Bíblias protestantes (a chamada parte dos "apócrifos"). A prece de Tobias e Sara antes de se casarem ainda é uma leitura usual nas cerimônias de casamento católicas. O livro de Tobias tem apenas umas doze páginas e é repleto de detalhes encantadores. É um livro bíblico que não se leva muito a sério e merece ser lido.

A imagem de Rafael e Tobias tem sido muito utilizada por artistas. Normalmente, Rafael aparece com asas e auréola, tendo ao lado o jovem Tobias, mais baixo, carregando o peixe. Junto a eles, aparece um cachorrinho correndo, não um cão de caça, mas visivelmente um cãozinho de companhia. As três figuras estão numa viagem com uma finalidade da qual, porém, Tobias ainda não tem consciência. É uma imagem de peregrinação, da vida como jornada, e também uma imagem de proteção e providência. Esses temas conservam sua capacidade de atração, e o episódio foi recontado por Salley Vickers em seu envolvente romance *O anjo de miss Garnet*, que entretece a narrativa antiga e uma fábula moderna ambientada em Veneza.

No judaísmo ortodoxo, o livro de Tobias não é considerado uma escritura sagrada. Mas Rafael é mencionado no Talmude, junto com Gabriel e Miguel, como um dos anjos que visitaram Abraão. Rafael é conhecido na tradição judaica como um anjo que cura, e às vezes era nomeado em amuletos protetores, eles mesmos associados à cura e à magia. Durante a maior parte da história judaica, esses amuletos foram uma característica comum do judaísmo, e os amuletos judaicos também eram usados por cristãos. O judaísmo contemporâneo, porém, segue a posição mais sóbria

10. Rafael acompanhando Tobias e seu cãozinho aparece aqui ladeado pelo arcanjo Miguel (com a espada) e pelo arcanjo Gabriel (com o lírio)

de Moisés Maimônides de que os amuletos são uma forma de superstição e não têm valor religioso nem terapêutico.

Rafael (Israfil) também é conhecido no islamismo. O nome não aparece no Alcorão propriamente dito, mas surge num *Hadith*. No islamismo, Israfil não está associado à cura, mas é o anjo que sopra sua corneta para assinalar o fim do mundo e o dia do juízo. É um papel muito semelhante ao que o cristianismo atribui ao arcanjo Miguel.

A festa de Rafael, entre os católicos e os anglicanos, é celebrada junto com a de Miguel e dos outros anjos no dia 29 de setembro, e entre os cristãos ortodoxos orientais em 8 de novembro. Rafael é o protetor dos doentes, principalmente os que sofrem de problemas na vista ou de doenças mentais (os "atormentados por demônios"), e é o padroeiro dos que curam os doentes, em especial os farmacêuticos e boticários.

Também é o padroeiro dos namorados e dos encontros felizes. Rafael é o anjo mais associado aos felizes acasos da sorte.

Anjos da guarda

Segundo o relato, Rafael é enviado a Tobias e Sara não tanto para levar uma mensagem, mas para agir como auxílio, guia e curador. Na época de Jesus, os judeus tinham passado a acreditar que cada ser humano era confiado ao cuidado de um anjo da guarda pessoal. Essa crença pode ter recebido a influência do zoroastrismo, que os judeus conheceram na Babilônia, mas também recebeu a influência do exemplo de Rafael e do versículo "ele incumbirá seus anjos de te guardarem em todos os teus caminhos" (Salmos 91: 11).

Para os cristãos, a crença no anjo da guarda se alimenta diretamente das palavras de Jesus: "Cuidai em não desprezar nenhum destes pequeninos, pois eu vos digo que seus anjos sempre veem a face de meu Pai que está no céu" (Mateus 18: 10). Aqui há uma ressonância da descrição de Rafael como anjo que está diante da glória do Senhor (Tobias 12: 15) e de Gabriel, que está na presença de Deus (Lucas 1: 19). Não há absolutamente nenhuma clareza nas palavras de Jesus para indicar que cada pessoa tem um anjo próprio, mas é assim que a frase tem sido usualmente interpretada.

A ideia do anjo da guarda tem um apelo duradouro porque particulariza a doutrina geral dos anjos e personaliza a doutrina geral da providência. Alguém pode acreditar que existe um mundo invisível no céu, mas não que ele se imponha aos eventos terrenos. E tampouco é fácil crer que o Criador de todo o cosmo se preocupe com a vida curta e aparentemente insignificante de cada pessoa. A ideia de que Deus designa um anjo particular para guardar cada ser humano é uma maneira de ligar o mundo invisível às pequenas preocupações da vida cotidiana. Os anjos da guarda são, por assim dizer, anjos pequenos, anjos que ocupam na hierarquia um lugar tão baixo que recebem a tarefa de cuidar de uma pessoa em particular.

No Alcorão, afirma-se que "dois (anjos) registradores, à esquerda e à direita, estão registrando constantemente" (50: 17). Ao que parece, um deles registra as boas ações e o outro, as más ações. Notemos que o "anjo registrador" do islamismo é um pouco diferente do anjo da guarda do judaísmo e do cristianismo. O papel de um anjo da guarda é guardar, auxiliar e, portanto, intervir. Já o anjo registrador não intervém, permanece atrás, age como testemunha de tudo o que uma pessoa faz, de bom ou de mau.

Os anjos no começo da vida

Quando os três anjos visitam Abraão, eles o informam de que, ao voltarem no ano seguinte, Sara terá dado à luz um filho, Isaac (Gênesis 18: 10; Alcorão 51: 28). Entre outros nascimentos anunciados por anjos estão o de Ismael (Gênesis 16: 11), o de Sansão (Juízes 13: 3), o de João Batista (Lucas 1: 13; Alcorão 3: 39) e, claro, o de Jesus (Lucas 1: 26-31; Alcorão 3: 45).

Essas histórias de anjos anunciando um futuro nascimento podem ter ajudado a formar a ideia de que os anjos estão presentes na concepção de todas as crianças. Essa ideia se encontra em todos os credos abraâmicos. O Talmude inclui uma história em que todas as almas que virão a nascer foram geradas nos seis primeiros dias da criação e aguardam num céu chamado Arabot. "No momento da concepção, Deus ordena ao anjo que é o guardião dos espíritos dizendo: 'Traze-me tal e tal espírito que está no paraíso'."

O autor cristão primitivo Clemente de Alexandria conta uma história parecida. Ele diz que, primeiro, a alma é purificada como preparativo para a concepção e, depois, é "introduzida por um dos anjos que presidem à geração". Clemente associa explicitamente essa ideia às histórias bíblicas dos anjos que aparecem para anunciar o nascimento de uma criança.

O islamismo também estabelece uma ligação entre a origem de cada alma e os anjos. Existe uma frase famosa do profeta descrevendo os estágios do desenvolvimento do embrião. Neste caso, o anjo está presente não como agente introduzindo a alma, e sim como testemunha. Isso reflete o que já dissemos sobre os anjos da guarda no islamismo. O papel deles não é intervir, mas estão presentes mantendo um registro desde o começo.

> Os constituintes de cada um são reunidos por quarenta dias no ventre da mãe; torna-se algo que se prende naquele período, então torna-se uma massa de carne indistinta no mesmo período. E o anjo é enviado a ele com instruções referentes a quatro coisas, de modo que o anjo anota sua provisão, sua morte, suas ações e se ele será infeliz ou afortunado. Então a alma é instilada dentro dele.

A Midrash judaica e o teólogo dos primórdios do cristianismo parecem sugerir que a alma é introduzida pelo anjo na concepção, pois é quando os anjos anunciam o nascimento vindouro. No islamismo, por outro lado, a alma é concedida depois de formado o corpo, aos quarenta dias ou em algum momento posterior. Não existe um consenso geral entre as religiões quanto ao instante em que a alma é concedida, e muitos judeus e cristãos contemporâneos consideram um mistério que Deus não revelou. Isso reflete a posição de pelo menos um escritor bíblico: "Assim como não sabes quando o espírito penetra os ossos no ventre da mãe, também não conheces a obra de Deus, que tudo faz" (Eclesiastes 11: 5). Não existe um consenso geral sobre o momento exato em que é concedida a alma, mas existe consenso de que é concedida por Deus pelo ministério dos anjos.

Isso significa que cada pessoa tem um anjo da guarda, mesmo quando está no ventre? Segundo Tomás de Aquino, um anjo é designado como guardião de cada pessoa tão logo ela nasce. Era a opinião de Jerônimo (c.347-420), o antigo autor cristão que traduziu a Bíblia para o latim. Tomás de Aquino não viu nenhuma razão para rejeitar essa crença. Ele admitia que a criança no ventre materno já possuía alma, mas pensava que ela estava tão intimamente ligada à mãe que não havia necessidade de um guardião em separado. "E, portanto, pode-se dizer com algum grau de probabilidade que o anjo que guarda a mãe guarda a criança enquanto está no ventre." Quando ela nasce, então é designado um anjo como seu guardião exclusivo.

Os anjos no final da vida

Assim como os anjos estão especialmente associados ao surgimento de uma nova vida, também estão associados ao final da vida. O local onde se encontram estátuas ou imagens de anjos é, comumente, junto ao túmulo. Quando alguém morre, vai ficar com os anjos. Jesus disse numa de suas parábolas que, quando o pobre Lázaro morreu, foi "levado pelos anjos ao regaço de Abraão" (Lucas 16: 22).

Há uma ideia corrente de que, ao morrer, os seres humanos se transformam em anjos. Mas, no judaísmo ortodoxo, no cristianismo e no islamismo, os anjos não são as almas dos mortos. São criaturas de espécie totalmente distinta. Os anjos não nascem nem morrem. Não têm a vida fugaz e passageira dos seres humanos. Existem não no tempo, mas acima do tempo. No entanto, existe algo nitidamente em comum entre os seres humanos e os anjos, em especial entre os bons seres humanos que morreram e os bons anjos que estão no céu. O próprio Jesus diz que, na ressurreição, as pessoas "não podem morrer mais, porque são como anjos" (Lucas 20: 36).

Era usual pensar, sobretudo na época vitoriana, que as crianças mortas se convertiam em anjos. Isso por causa de sua inocência e inexperiência do mundo. Todos os adultos fizeram algumas coisas das quais se arrependem (ou deveriam se arrepender), mas as crianças pequenas não cometeram nenhum erro na vida. É quase como se morressem antes de viver. É por isso que são como os anjos, que nunca conheceram o mundo humano do tempo e da mudança. O teólogo Simon Tugwell deu a isso o nome de "inexperiência glorificada".

11. Os anjos são presença habitual nos cemitérios cristãos

Para os adultos, a morte traz o julgamento. Essa concepção é adotada por todos os credos abraâmicos e encontra ressonância em filósofos tão variados como Platão e Heidegger (1889-1976). Quando alguém morre, sua vida chega ao fim, e a pessoa pode ser julgada pelo que fez na vida. Esse aspecto mais sombrio da morte como julgamento demanda um anjo mais sombrio, um anjo da morte.

Na Bíblia, o anjo do Senhor às vezes vem como um anjo da morte, em certa ocasião matando 185 mil soldados assírios (2 Reis 19: 35). No livro do Apocalipse, há anjos com foices afiadas que vêm ao mundo para fazer a colheita e reunir as almas más no grande lagar da ira de Deus (Apocalipse 14: 19-20). Embora no livro apareçam outros anjos com foice, foi esta imagem que nos deu a figura do "ceifeiro sinistro", um anjo que é a própria personificação da morte.

A imagem do ceifeiro sinistro está associada em particular aos tempos da Peste Negra, a pior epidemia registrada na história, que dizimou talvez metade da população europeia. Ninguém estava a salvo de uma morte prematura e dolorosa. Ainda assim, as pessoas continuaram a dar explicações humanas e religiosas para a morte. Consideravam-na como um momento do juízo e uma grande niveladora que a todos igualava. Esse contexto deu origem à conhecida imagem medieval da "dança da morte", da qual todos são obrigados a participar, sejam senhores ou servos, bispos ou donas de casa. A vida encontra sua medida e seu significado na morte. O mesmo tema, usando a mesma imagem, foi explorado no clássico de Ingmar Bergman, o filme *O sétimo selo*, em que um cavaleiro joga xadrez com o ceifeiro sinistro. Para encontrar Deus, o cavaleiro precisa antes encarar a morte.

As imagens do ceifeiro sinistro e do juízo final são respostas à experiência do grande sofrimento coletivo, seja a peste, a guerra ou a perseguição. Isso se aplica, obviamente, à imaginação medieval depois da Peste Negra. Aplica-se também às imagens do livro do Apocalipse e de livros judaicos anteriores, como Daniel e Enoque. Esses volumes foram escritos numa época de perseguições terríveis. Utilizam imagens violentas para apresentar tempos violentos. Mesmo assim, muitas vezes a morte chega suavemente ou depois de uma longa vida, e a associação entre os anjos e a morte procura, em geral, mais consolar do que ressaltar o terror da morte. Os anjos que levam o pobre ao paraíso, na parábola de Jesus (Lucas 16: 22), são certamente anjos consoladores. Na tradição islâmica (mas não no Alcorão), há um anjo da morte, Malak al-Maut (às vezes chamado de Azrael), que separa a alma do corpo. A visão desse anjo é agradável para os fiéis, mas aterrorizante para os maus.

Há um anjo consolador retratado no poema *O sonho de Gerontius*, de John Henry Newman, que foi musicado por Edward Elgar. Quando Gerontius está à beira da morte, encontra um anjo que canta:

> Meu Pai me confiou
> Este filho da terra
> Desde que nasceu,
> Para servi-lo e salvá-lo,
> Aleluia,
> E salvo ele está.

O anjo que cuidou de Gerontius durante toda a vida, como seu anjo da guarda, agora tem a tarefa de saudá-lo e levá-lo "para casa", da terra para o céu. O anjo que o acompanha invisível durante a vida aparece no momento da morte. Assim, a figura do anjo da guarda liga a confiança do fiel na providência divina durante a vida com sua esperança na misericórdia divina depois da morte.

Recebendo anjos sem saber

Muitos relatos de encontros com anjos, tanto no folclore quanto na cultura popular, associam os anjos ao auxílio, à proteção ou à salvação. O fenômeno contemporâneo desses encontros foi tratado no final do capítulo anterior. Em tais encontros, quando os anjos aparecem disfarçados como desconhecidos, em geral é para oferecer alguma ajuda de ordem prática – por exemplo, mostrar o caminho a alguém que está perdido. Mas, na tradição abraâmica, também há episódios em que os anjos aparecem não para auxiliar, e sim como desconhecidos precisando de auxílio.

O grande exemplo bíblico, aqui, é novamente a história de Abraão e dos três jovens. Eles lhe aparecem como estrangeiros, e Abraão lhes oferece hospitalidade. É nessa história que o autor do Novo Testamento está pensando quando exorta os cristãos: "Não deixeis de mostrar hospitalidade a estrangeiros, pois com ela alguns, sem saber, receberam anjos" (Hebreus 13: 2).

Essa citação do Novo Testamento foi usada no título do filme *Entertaining Angels: The Dorothy Day Story* [*Celebração dos anjos: a história de Dorothy Day*], de 1996. Dorothy Day (1897-1980) era uma jornalista e pacifista militante, anarquista e convertida ao catolicismo. Em 1927, junto com Peter Maurin (1877-1949), Dorothy Day fundou o Movimento Operário Católico, que criou albergues para trabalhar com e para os pobres. Ele teve início em Nova York e agora tem albergues em todo o mundo.

O tema de mostrar hospitalidade aos anjos se desenvolve de uma maneira peculiar na tradição cristã. Isso se vê, por exemplo, na história de Martinho de Tours (316-397), um soldado romano do século IV. Durante um inverno, Martinho encontrou um mendigo nu. Não tendo roupas de reserva para dar ao mendigo, Martinho pegou sua espada e cortou seu manto ao meio, dando metade para o mendigo. Na noite seguinte, Martinho teve um sonho no qual Jesus aparecia usando o manto. Jesus disse aos anjos que estavam a seu redor: "Martinho, que ainda não foi batizado, vestiu-me com este manto". A partir daí, Martinho deixou o exército e se tornou monge. Mais tarde, e com alguma relutância, veio a ser bispo de Tours. Num contexto cristão, a ideia de mostrar hospitalidade está ligada não só aos anjos, mas diretamente a Jesus, que disse: "como fizeste a um de meus pequeninos, fizeste a mim" (Mateus 25: 40).

Outro aspecto significativo é que a história de Martinho de Tours se refere não apenas a um desconhecido, mas a um pobre. Isso representa uma ênfase típica cristã. Apesar disso, a ideia de base é a mesma. Tanto o gesto de Martinho dando o manto ao mendigo quanto o ativismo social de Dorothy Day são baseados diretamente na antiga virtude da hospitalidade a desconhecidos, tal como Abraão mostrou aos anjos.

Capítulo 6

Hostes celestes

A escada de Jacó

E Jacó chegou a um certo lugar e ficou lá aquela noite, porque o sol se tinha posto. Pegando uma das pedras do lugar, colocou-a sob a cabeça e se deitou ali para dormir. E ele sonhou que havia uma escada assentada na terra e o alto dela chegava ao céu; e vede!, os anjos de Deus subiam e desciam por ela!
Então Jacó despertou de seu sono e disse: "Certamente o Senhor está neste local, e eu não sabia". E teve medo e disse: "Como é assustador este lugar! É nada menos do que a casa de Deus e este é o portão do céu". (Gênesis 28: 11-12, 16-17)

O ponto de partida deste livro foi a história da visita dos anjos a Abraão. O relato do sonho de Jacó aparece no mesmo ciclo de histórias. Jacó é filho de Isaac e neto de Abraão. Porém, ao contrário do encontro entre Abraão e os anjos, a história do sonho de Jacó não aparece no Alcorão; por isso, a imagem da escada de Jacó está restrita ao judaísmo, ao cristianismo e à cultura ocidental.

É significativo que a visão de uma escada entre o céu e a terra ocorra num sonho. A escada pode ser entendida como metáfora para o mundo espiritual "do alto". Como dissemos antes, os anjos não têm corpo e, assim, não podem existir num lugar, seja acima ou abaixo da terra. As imagens de subida e descida são mais figurativas do que literais. Não pode existir uma escada física entre dois mundos, mas a escada é uma representação da relação entre o reino físico e o reino espiritual. O lugar onde Jacó está descansando, quando tem esse sonho, é o que ele chama de portão do céu, pois lá vislumbra um mundo que é "outro", sagrado, um mundo além deste mundo.

12. A representação da escada de Jacó feita por William Blake

Jacó vê anjos subindo e descendo; não são seres humanos. Apesar disso, como vimos no capítulo anterior a respeito de Rafael, os anjos são comumente representados como companheiros de percurso dos seres humanos. Assim, a imagem de anjos subindo e descendo sugere, naturalmente, que seres humanos também podem subir essa mesma escada. Fílon leva essa ideia um passo adiante, vendo no texto um reflexo da filosofia de Platão. Segundo Fílon, primeiramente as almas humanas existiam separadas do corpo;

83

como perderam a pureza da visão, "caíram" em corpos. A morte oferece uma oportunidade de escapar do corpo, mas as almas carregadas de preocupações materiais e desejos físicos voltam prontamente ao corpo.

> O céu é como uma cidade populosa, cheio de cidadãos imperecíveis e imortais, almas em quantidade igual à das estrelas. Ora, dessas almas algumas descem à terra com vistas a ficarem presas a corpos mortais, a saber, aquelas mais intimamente ligadas à terra e que são amantes do corpo. Mas algumas se elevam, distinguindo-se novamente [do corpo]... Destas, as que são influenciadas pelo desejo de uma vida mortal e que estão familiarizadas com ela retornam outra vez.

Tanto o judaísmo quanto o cristianismo em suas versões dominantes vieram a repudiar a ideia da alma caindo num corpo e depois elevando-se ao céu. A crença de que os seres humanos podem ter várias reencarnações em corpos diferentes não encontra nenhuma base nas Escrituras judaicas. Essa crença também se afasta do significado desta única vida e da seriedade do juízo que sobrevém com a morte. Segundo a teologia judaica, cristã e também islâmica dominante, a pessoa é julgada após a morte em caráter definitivo. A vida não é um jogo em que o jogador teria uma segunda rodada.

Os judeus e os cristãos, de modo geral, não entendem a subida e descida da escada de Jacó em termos de reencarnação. No entanto, essa imagem tem sido habitualmente utilizada para a jornada espiritual humana. A vida pode ser entendida como uma jornada ascendente, em busca de coisas "mais elevadas", uma jornada em direção a Deus, com o acompanhamento dos anjos. No Novo Testamento, Jesus diz a Natanael: "Vereis o céu aberto, e os anjos de Deus subindo e descendo sobre o Filho do Homem" (João 1: 51). Aqui Jesus se identifica ("o Filho do Homem") como a escada entre o céu e a terra. A partir dessa base, muitos autores cristãos, de Agostinho ao metodista John Wesley (1703-1791), identificaram a escada de Jacó como Jesus ou, às vezes, como a cruz de Jesus.

A ideia de uma escada para a perfeição é utilizada na Regra Beneditina, uma das primeiras regras escritas para monges cristãos. Também fornece o título para uma das obras espirituais mais difundidas da Idade Média: *A escada da perfeição*, de Walter Hilton (1340-96). Na *A divina comédia*, de Dante, São Bento lamenta que ninguém mais erguerá um pé para subir a escada de Jacó porque a Igreja se tornou gananciosa e devassa. A ideia de uma escada para a perfeição também está por trás do jogo infantil de tabuleiro *Snakes and ladders* ["Cobras e escadas"]. Mas esse jogo se origina não da tradição judaico-cristã, e sim de uma concepção hindu semelhante a respeito de uma escada da salvação. O jogo foi introduzido na Inglaterra, vindo da Índia, no século XIX.

Na literatura, a imagem da escada de Jacó foi invocada por poetas como John Dryden (1631-1700), para simbolizar o avanço do espírito humano: "Onde cada idade dá mais um passo". Thomas Carlyle (1795-1881) converteu essa ideia em amor romântico, escrevendo sobre as mulheres "em cujas mãos [está] a invisível escada de Jacó, por onde o homem pode subir ao próprio céu".

O filme inglês *A Matter of Life and Death* (*Neste mundo e no outro*), com David Niven, de 1946, foi lançado nos Estados Unidos como *A Stairway to Heaven*. Ele termina com uma cena da escada celestial como um elevador (usada na capa de "Something Happened on the Way to Heaven", de Phil Collins). Aqui há alguns paralelos com *Jacob's Ladder* (*Alucinações do passado*), de 1990, um filme profundo e perturbador com Tim Robbins. Trata de um homem que recebe uma droga experimental no Vietnã e depois é atormentado por demônios. O tema do filme é que seu tormento não precisa ser um inferno desesperado, mas pode ser um purgatório esperançoso – uma dolorosa ascensão para se desprender das ligações terrenas. No filme, Jacó recebe o auxílio do massagista, que é seu anjo da guarda, papel interpretado por Danny Aiello.

Não existem indicações de uma influência direta da escada de Jacó na música "Stairway to heaven", de Led Zeppelin, mas talvez seja uma influência inconsciente. Na canção, a escada para o céu é uma referência irônica à felicidade que o ouro pode comprar. O uso irônico se baseia na ideia de que há uma felicidade que não se compra. Esta é a verdadeira escada para o céu.

Anjos ou alienígenas?

Nos anos 1970, o entusiasta de alienígenas Eric von Däniken (1935-) provocou uma controvérsia ao alegar que Abraão e Jacó não encontraram anjos, mas sim alienígenas. Não eram visitantes sobrenaturais; eram visitantes extraterrestres. A alegação fazia parte de um projeto ambicioso de ver na arqueologia e nos textos antigos provas de visitas anteriores de extraterrestres à terra. Um dos exemplos favoritos de Von Däniken era a visão de Ezequiel das quatro criaturas vivas e "uma roda dentro de uma roda" com bordas de "muitos olhos" (Ezequiel 1: 4-28). Segundo Von Däniken, essa passagem descreve um encontro entre Ezequiel e visitantes alienígenas. Von Däniken chegou a trabalhar com um engenheiro da NASA, Josef Blumrich, para desenhar o projeto de uma nave espacial baseada no relato de Ezequiel.

A passagem de Ezequiel apresenta muitas imagens fortes e estranhas. É compreensível que um leitor moderno, sem familiaridade com o contexto original, se debata para entender essas imagens ou até as veja como descrição de uma nave espacial alienígena. Qual era o contexto original? O livro de Ezequiel foi escrito na época em que o reino de Judá fora derrotado pelo exército babilônio, e muitos judeus estavam no cativeiro. Um dos aspectos mais traumáticos dessa derrota foi a profanação do Templo. Esse local sagrado construído por Salomão, centro do culto judaico durante séculos, foi destruído por um exército estrangeiro. O livro inteiro de Ezequiel usa imagens tomadas ao Templo de Jerusalém, e traz a promessa de que será reconstruído e se tornará o centro de uma Israel renovada.

A passagem sobre as quatro criaturas vivas utiliza em especial as imagens dos querubins, cujas estátuas ficavam no santuário antes da profanação do Templo. Ela também evoca a nuvem de glória que encobriu o monte Sinai, quando Moisés recebeu os Dez Mandamentos (Êxodo 19: 16). Já fora associada ao Templo (Êxodo 40: 34; Levítico 16: 2). Assim, a linguagem do livro de Ezequiel faz sentido em relação à sua mensagem sobre o Templo, sua destruição e a glória de Deus. Ezequiel usa imagens assustadoras para realçar o poder misterioso de Deus. Essas imagens evocam o que Rudolf Otto (1869-1937) chamou de experiência do "numinoso".

Os eventos devastadores que dão forma ao livro de Ezequiel não são visitações alienígenas, mas a catástrofe religiosa e política da derrota às mãos dos babilônios. Simplesmente não há necessidade de postular discos voadores para entender esse texto antigo. Como muitos exemplos que Von Däniken toma à arqueologia e aos antigos textos religiosos, ele deixa de lado o contexto original e enxerga no texto coisas que não dispõem de nenhuma prova.

Mas o que leva as pessoas a ver alienígenas em documentos religiosos antigos? Na Idade Média, havia uma visão de mundo compartilhada por judeus, cristãos e muçulmanos que mesclava elementos da filosofia de Aristóteles com uma teologia tomada às Escrituras. O mundo era entendido como um cosmo coeso, onde as forças angelicais moviam as estrelas e os planetas. A harmonia era a "música das esferas" e os seres humanos ocupavam um lugar dotado de sentido. No século XVII, quando a física de Descartes e Newton substituiu a física de Aristóteles, para muitos foi como se essa música das esferas tivesse silenciado. Daí essas palavras impressionantes de Pascal: "O silêncio eterno desses espaços infinitos me apavora". Depois de Newton, o mundo não era um cosmo dotado de sentido, mas um espaço vazio e silencioso, infinito em todas as direções.

A física moderna trouxe de volta o senso de um cosmo finito e integrado, mas ainda sem os anjos que outrora davam voz a essa harmonia cósmica. Bryan Appleyard, em *Aliens:*

Why They Are Here (*Alienígenas: por que estão aqui*), afirma que o fascínio por alienígenas é, pelo menos em parte, uma manifestação de nostalgia pelos anjos – ou seja, por uma terra que está na base da escada de Jacó. Em vez de vermos os textos religiosos antigos como provas das visitas de alienígenas, talvez seja o caso de ver o interesse moderno por alienígenas como a metamorfose de uma crença antiga. É por isso que o interesse por alienígenas é tantas vezes tão pessoal e é por isso que mantém sua força na cultura ocidental moderna, apesar da escassez de boas provas científicas. A possibilidade de visitas de extraterrestres funciona menos como uma hipótese científica e mais como uma forma de crença de tipo religioso. Os alienígenas são anjos para os materialistas modernos. É irônico que a crença contemporânea em alienígenas dê origem a uma peculiar literalidade na leitura dos textos antigos, como se a escada de Jacó se reduzisse à escada dobrável saindo de uma nave espacial. Pelo contrário, uma crença religiosa nos anjos contesta a ideia de que o mundo possa ser entendido em termos puramente físicos. A escada de Jacó convida a uma jornada mais espiritual do que física.

Hierarquias celestiais

A palavra "hierarquia" significa "ordem" ou "regra sacra". Embora possa ser aplicável quando se fala de anjos, é por mero acaso que, em inglês, *hierarchy* soe parecido com *"higher"*-archy*. Isso reforça a imagem de níveis altos, médios e baixos. Nas forças armadas, por exemplo, há uma "cadeia de comando" de cima para baixo e uma cadeia de informação de baixo para cima. Na concepção de mundo dos teólogos medievais, tanto judeus quanto cristãos, a hierarquia dos anjos faz parte da "cadeia do ser", ligando todas as criaturas num mesmo cosmo dotado de ordem, desde o alto (Deus) até a base (a matéria inanimada).

---

* Mais alto. (N.E.)

Seria justo dizer que a sociedade moderna é ambivalente em relação à ideia de hierarquia. Continuam a existir estruturas hierárquicas na sociedade, sobretudo nas grandes empresas, nas multinacionais e no governo, mas as pessoas também percebem que a hierarquia pode ser uma forma de opressão política. Isso se dá porque os seres humanos são essencialmente iguais por natureza. As distinções entre as pessoas deveriam apenas servir a determinadas finalidades, se e quando essas distinções contribuem para o bem comum. As hierarquias humanas precisam ser contestadas quando se tornam corruptas ou tirânicas. Em contraste, a hierarquia dos anjos é essencial para eles e é confiavelmente benigna, estando relacionada aos bons desígnios de Deus. Por natureza, os seres humanos estão situados "abaixo dos anjos", mas a mensagem do cristianismo é que os seres humanos podem "ascender", se crescerem em fé, esperança e amor. A imagem da escada de Jacó não é a de uma hierarquia fixa, mas de movimento constante, para cima e para baixo. Na tradição cristã, essa imagem geralmente se aplica a toda a espécie humana – é uma escada a que todos são convidados a subir.

A ideia de diversos níveis de anjos organizados num conjunto oferece lugar para as diversas espécies de anjos mencionados nas Escrituras – e, em particular, para os querubins e os serafins – e também fornece um critério para distinguir entre anjos e arcanjos. É por volta da época de Jesus que temos a primeira listagem sistemática da hierarquia celestial. O livro de Enoque menciona sete níveis de anjos: querubins, serafins, ofanins (rodas, da visão de Ezequiel), anjos do poder, principados, messias e as potestades elementares (Enoque 61: 10s.). Os sete níveis de anjos refletem os sete arcanjos listados em Enoque e mencionados em Tobias. O número sete também está relacionado com os sete dias da criação e a lei do Sabá. É um número sagrado dentro do judaísmo. O Testamento de Levi apresenta uma lista levemente diferente, mas ainda descreve sete níveis de anjos e também sete céus.

As coisas se complicam um pouco com a versão eslava do livro de Enoque, que tem sete céus, mas dez níveis de anjos. O dez é um número sagrado no judaísmo por causa dos Dez Mandamentos. No Talmude e no judaísmo rabínico posterior, essa combinação de sete céus e dez níveis de anjos vem a ser dominante. Os sete céus listados no Talmude são: *velon*, *rakia*, *shehakim*, *zebul*, *maon*, *makon* e *arabot*. Há várias listas dos dez níveis de anjos, mas a de maior influência é, talvez, a de Moisés Maimônides: *hayyot*, *ofanim*, *arelim*, *hashmallim*, serafins, anjos (*malakim*), deuses (*elohim*), filhos de Deus (*bene Elohim*), querubins e homens (*ishim*). Assim, diante da escolha entre dois números sagrados, o judaísmo ficou com ambos e, além dos sete céus, tem dez níveis de anjos. Infelizmente, isso confunde um pouco o fiel. Não existe nenhum esquema simples ou consensual mostrando a relação entre os dez níveis de anjos e os sete céus ou os sete arcanjos.

A ideia de uma hierarquia celestial era muito corrente no judaísmo do século I e moldou a visão que se encontra no Novo Testamento. Numa de suas epístolas, Paulo escreveu que foi "levado ao terceiro céu" (2 Coríntios 12: 2). Paulo também fala em anjos, principados e potestades (Romanos 8: 38) ou, ainda, em principados e potestades nos locais celestes (Efésios 3: 10; ver também 6: 12). Em outra epístola, Paulo escreve sobre tronos, domínios, principados ou autoridades (Colossenses 1: 16). Analogamente, Pedro escreve em sua epístola que Jesus "foi para o céu e está à mão direita de Deus, com anjos, autoridades e potestades submetidos a ele" (1 Pedro 3: 22). Todos esses termos – tronos, domínios, principados, autoridades e potestades – apareciam na literatura judaica da época e eram comuns a cristãos e judeus. Havia a ideia em comum de que existiam níveis de anjos, mas no Novo Testamento não fica claro quantos níveis seriam, quais nomes teriam ou quantos céus existiriam.

No cristianismo, o autor de maior influência a escrever sobre as hierarquias angelicais veio em data muito posterior. Era um monge do século V, mas escrevia sob o nome de Dionísio, o Areopagita, o ateniense convertido mencionado no Novo Testamento (Atos 17: 34). Dionísio recebeu forte influência da filosofia neoplatônica, e sua abordagem ao escrever sobre Deus e os anjos é qualificada de "mística".

Tanto no neoplatonismo quanto no cristianismo, o número mais sagrado é o três. É o número da Trindade, do Deus cristão que são três pessoas em uma, o Pai, o Filho e o Espírito Santo. O filósofo neoplatônico Plotino (*c.*204-270) também desenvolveu uma trindade, o Uno, o Intelecto (*nous*) e a Alma (*psyche*), da qual deriva todo o resto do mundo. Dionísio, portanto, descreveu não sete nem dez níveis de anjos, mas um múltiplo de três: três hierarquias de anjos, cada qual contendo três ordens. Para os nomes dos nove níveis de anjos resultantes, ele combinou os termos e as listas constantes no Antigo e no Novo Testamento. Chegou ao seguinte esquema:

> Primeira hierarquia: serafins, querubins, tronos.
> Segunda hierarquia: domínios, virtudes, potestades.
> Terceira hierarquia: principados, arcanjos, anjos.

No entendimento de Dionísio e Tomás de Aquino, Dante, Milton e aqueles vários escritores que seguiam Dionísio, as três hierarquias têm funções diferentes. A primeira delas não lida com assuntos terrenos e está totalmente absorvida no amor a Deus. A ordem mais alta nessa hierarquia é a dos serafins. O nome deles vem do hebraico *sarap*, que significa "fogo" e foi adotado para se referir ao fogo do amor de Deus. Como os querubins, os serafins estão associados ao trono de Deus:

> Eu vi o Senhor sentado num trono alto e elevado, e seu séquito enchia o Templo. Acima dele estavam os serafins; cada um tinha seis asas: com duas ele cobria seu rosto, e com duas cobria seus pés e com duas ele voava. E um chamou o outro e disse: "Santo, santo, santo é o SENHOR das hostes; toda a terra está cheia de sua glória". (Isaías 6: 1-3; ver também Apocalipse 4: 8)

A segunda hierarquia trata do governo do mundo e das nações. Por isso os nomes das ordens nessa hierarquia são termos relativos ao governo: domínios, virtudes, potestades. A terceira ordem dos anjos, e a mais baixa, é a mais diretamente ligada a assuntos terrenos particulares. É aqui que encontramos os anjos da guarda e os anjos que aparecem às pessoas.

O esquema das três hierarquias com funções diferentes funciona razoavelmente bem para a primeira e a terceira delas. Seus papéis são bastante claros. Não funciona tão bem para os níveis intermediários. Mesmo Dionísio, que sempre discorria sobre os anjos, foi menos convincente ao tentar explicar a diferença entre domínios, virtudes, potestades e principados. Não chega a surpreender que Gregório, o Grande (c.540-604) tenha colocado esses níveis intermediários numa ordem ligeiramente diferente (Tomás de Aquino, Dante e Milton seguem Dionísio, e não tanto Gregório).

Aqui cabem algumas palavras sobre essa administração de escalão médio do mundo angelical, afastado demais das preocupações humanas para serem anjos da guarda ou mensageiros, afastado demais do Trono para estarem associados apenas a coisas celestes. A importância dessas diversas ordens, de um ponto de vista humano, consiste apenas em iluminar a questão geral de que existe uma grande diversidade de anjos e que cada um tem seu lugar dentro do conjunto. Tomás de Aquino afirma que não só cada ordem ou grupo de anjos, mas sim cada anjo tomado individualmente tem seu papel e função própria, mas que o conhecimento humano dos anjos, mesmo com o auxílio das Escrituras, é muito imperfeito e nos permite fazer distinções apenas de uma maneira muito geral.

Segundo a tradição cristã, o papel dos anjos é, assim, duplo em sua própria raiz: são adoradores arquetípicos de Deus e são mensageiros ou interventores. Ainda que a ideia de diversas funções de diversos níveis de anjos possa levar a uma especialização angelical, isso só é válido até certo ponto. Todos os anjos adoram Deus no céu e todos estão empenhados em que os desígnios divinos na terra se realizem. Na tradição cristã, esses dois papéis têm sido chamados, por vezes, de contemplativos (oração, reflexão, adoração) e ativos (atendimento ao próximo, cura, ensino).

Os seres humanos, como os anjos, também poderiam se especializar. Mas a doutrina tradicional dos anjos aponta para a unidade fundamental entre os papéis da ação e da contemplação. Isso tem implicações sociais e políticas. É evidente que a sociedade precisa de pessoas que se dediquem a atividades práticas e pragmáticas. Apesar disso, a sociedade também precisa de um senso de direção, precisa se renovar e, para isso, precisa de pessoas que se empenhem em procurar a verdade, a beleza e o significado humano por eles mesmos. Assim como todos os anjos integram a contemplação e a ação, da mesma forma todos os seres humanos precisam de algum espaço para contemplar e examinar suas vidas, caso queiram florescer em suas atividades.

Os anjos na liturgia

A breve história dos anjos esboçada no Capítulo 1 chamava a atenção para o período do exílio na Babilônia, quando o Templo tinha o papel central como símbolo de esperança e unidade do povo. Isso fica evidente no livro de Ezequiel. Depois que os dirigentes do povo voltaram do exílio, eles reconstruíram o Templo e lhe concederam um lugar na vida judaica ainda maior do que tinha antes.

Essa grande importância renovada do Templo forma o contexto em que as pessoas começam a imaginar um Templo celestial, com rituais celestes e uma "liturgia" realizada pelos anjos. E assim como há uma hierarquia entre os anjos no céu há também uma hierarquia de quem faz o quê nos rituais do Templo. Há alguns que, como os anjos mais altos, podem entrar no santuário, há outros que se ocupam de tarefas práticas. Obviamente, é uma ideia que atraía padres, e depois monges e freiras. Pode-se vê-la na teologia de Dionísio, e podemos pensar que foi uma das razões pelas quais ele era monge.

O Templo era decorado com anjos (querubins) e, com quase toda a certeza, os anjos eram mencionados nas liturgias do Templo. Embora não seja possível reconstituir exatamente o que se passava na liturgia do Templo, parece muito provável que se cantassem salmos e que alguns dos salmos foram escritos para essa finalidade. Os salmos de que dispomos atualmente trazem várias referências aos anjos louvando a Deus – por exemplo, "Bendizei o Senhor, ó vós, seus anjos, vós poderosos que cumprem sua vontade" (Salmos 103: 20). Esse ou outros salmos semelhantes teriam lugar na antiga liturgia dos judeus. É provável que outras passagens, como "Santo, santo, santo" (Isaías 6: 3), também fossem utilizadas liturgicamente.

Na liturgia judaica contemporânea, os anjos certamente têm papel de destaque. Praticamente todos os ofícios incluem uma prece de santificação, chamada *Kedusha*, que tem como centro a recitação do "santo, santo, santo": "*Kadosh, Kadosh, Kadosh*". Muitas outras orações também falam dos anjos louvando ou bendizendo a Deus por ter criado os anjos. Segundo o Talmude, anjos visitam os lares judaicos no começo do Sabá, e assim recita-se uma oração comum para recebê-los. Pode ser incluída entre as orações da sexta-feira na sinagoga ou, em algumas tradições, na refeição noturna da sexta-feira na casa do fiel.

Entre os rituais cristãos, o elemento central é a Eucaristia, também chamada de Ceia do Senhor ou "a Missa". Enquanto é oficiada, geralmente canta-se o "santo, santo, santo" ou *sanctus*. Inicia-se com palavras que associam explicitamente o ofício divino à atividade dos anjos – por exemplo, "E assim, com todos os coros dos anjos no céu, proclamamos tua glória e nós nos unimos a seu perpétuo hino de louvor". Isso não mostra apenas um paralelo nas ações dos fiéis praticantes e o cântico dos anjos no céu e na terra; mostra ademais que aquele que adora a Deus está realmente se unindo aos anjos.

As orações da Missa têm sido uma inspiração e um desafio para os compositores ao longo dos séculos. Assim como há uma história da representação dos anjos, há também uma história da música dos anjos. Compositores desde

13. A frente do altar em Ghent, por Jan van Eyck, mostra o coro celestial cantando, mas sem asas nem auréolas

Palestrina (1525-1594) a Mozart (1756-1791) e contemporâneos como James Macmillan (1959-) escreveram música para o *sanctus*, e todos tentaram capturar a voz dos anjos. Para tomar apenas um exemplo, o *Sanctus* da Missa em Si Menor de Bach (1685-1750) procura evocar as fileiras dos anjos pelas escalas ascendentes, pelas frases musicais repetidas e pelo entrelaçamento das partes.

Além da liturgia e da música clássica, os anjos são ubíquos em formas de música mais populares. Assim como os anjos natalinos enfeitam não só as igrejas, mas também as casas, lojas e escritórios, da mesma forma as melodias de Natal, como *"Hark! The Herald Angels Sing"*, *"Ding Dong Merrily on High"* e *"O Come All Ye Faithful"*, parecem presentes por toda parte. Existem também inúmeras músicas populares, desde o Abba com "I Believe in Angels" a Robbie Williams com *"Angels"*. De fato, às vezes parece que são poucos os músicos pop que não mencionam os anjos, pelo menos de passagem. Essas melodias populares podem não ter as pretensões da grande arte em abrir os portões celestiais, mas elas criam uma relação entre o tema do céu e o mundo terreno e cotidiano, o que também é papel dos anjos. Um dos temas deste livro é que os anjos cabem muito bem na cultura popular, tal como em ambientes religiosos formais.

Quantos anjos existem?

Dionísio apresenta três hierarquias, cada qual com três ordens de anjos, mas quantos anjos são? Mencionamos mais acima o argumento de Tomás de Aquino, segundo o qual cada anjo é de uma espécie distinta. Não há dois iguais. Então isso significa que existem apenas nove anjos? Longe disso. A noção comum a judeus, cristãos e muçulmanos é a de que existe um grande número de anjos. As Escrituras judaicas e cristãs falam em "milhares de milhares e dezenas de milhares de dezenas de milhares" (Daniel 7: 10; Apocalipse 5: 11). Se tomarmos ao pé da letra, daria centenas de milhões de anjos, o que parece muito, mas mesmo várias centenas de milhões não bastariam para que cada pessoa no mundo tivesse seu anjo da guarda exclusivo (ou os dois anjos registradores que são mencionados no Alcorão). Além disso, e contra o entendimento literal, cabe notar que "dezenas de milhares de dezenas de milhares" (miríades de miríades) é uma maneira usual de se referir a um número incalculável.

Se cada um tem um anjo da guarda, e nenhum anjo pode atender a mais de uma pessoa por vez, então devem existir pelo menos tantos anjos quantas são as pessoas – ou seja, cerca de 7 bilhões de anjos. Além disso, se todos os anjos da guarda provêm da ordem mais baixa da hierarquia mais baixa, e se todas as ordens têm igual número de anjos, isso resulta em 63 bilhões de anjos. Tomás de Aquino (na *Summa Theologiae* Ia 23.7) nos diz que, segundo alguns, a quantidade total de seres humanos no céu será igual à quantidade de anjos caídos (um terço do total, ver Apocalipse 12: 4). Mas isso só nos ajudaria se soubéssemos quantas pessoas serão salvas, o que não sabemos. Em todo caso, Tomás de Aquino rejeita totalmente a ideia de associar o número de anjos ao número das pessoas que serão salvas. As pessoas são salvas pela misericórdia divina e pela maneira como reagem a essa misericórdia. Não há uma capacidade de lotação máxima no céu.

De que outra maneira podemos calcular a quantidade de anjos existentes? Há uma frase atribuída ao profeta Maomé, segundo a qual Gabriel lhe revelou que diariamente 70 mil anjos entram no sétimo céu pela primeira vez. Se isso vem acontecendo desde os inícios do universo físico, teríamos, pela estimativa atual da data do *big bang*:

70.000 x 365 dias x 14 bilhões de anos = 350.000 trilhões de anjos

É um número extremamente elevado, mas ainda menos do que a quantidade de estrelas. O número de anjos tem sido, muitas vezes, associado ao número de estrelas. Nas imagens bíblicas, a glória das estrelas no céu é utilizada com frequência para representar a glória dos anjos e dos santos no céu. Aristóteles afirmava que cada corpo celeste era movido por uma inteligência imaterial, e Moisés Maimônides, por isso, afirmava que o número de anjos correspondia ao número de corpos celestes. As estimativas modernas da quantidade de estrelas no cosmo são imprecisas e costumam ser reajustadas de anos em anos, sempre aumentando. Em 2003, a NASA apresentou um cálculo de 70 milhões de trilhões.

Qualquer tentativa de calcular o número de anjos é, evidentemente, fantasiosa. A ideia geral no judaísmo, no cristianismo e no islamismo é de que o número de anjos é desconhecido, mas trata-se de uma quantidade inconcebivelmente grande. Em vez de tentar estabelecer uma cifra, Matthew Fox sugere que pensemos simplesmente que os anjos "existem em números astronômicos". Isso reflete a concepção de Maimônides. Tomás de Aquino, acompanhando Dionísio, pensa que os anjos devem existir em quantidades ainda maiores. Ele afirma que o número de seres espirituais ultrapassa incomensuravelmente todo o conjunto de coisas materiais, inclusive as estrelas.

Relacionada com o número total de anjos, existe a pretensa questão de quantos anjos podem dançar na cabeça de um alfinete. Seria supostamente uma questão debatida por teólogos cristãos na Idade Média. Segundo Isaac D'Israeli (1766-1848), o pai do primeiro ministro britânico, certa vez Tomás de Aquino teria perguntado: "Quantos anjos podem dançar na ponta de uma agulha finíssima, sem se encostarem?". Mas D'Israeli não leu Tomás de Aquino. Ele tirou essa ideia de um autor satírico do século XVII. Não é anterior a essa data. A ideia de que os teólogos debatiam tal questão é, na verdade, uma invenção moderna, como a ideia de que as pessoas na Idade Média pensavam que o mundo era plano (não; qualquer um com alguma instrução sabia que a terra era redonda). Por outro lado, o que Tomás de Aquino realmente perguntou foi se podia haver mais de um anjo agindo num mesmo ponto. Era uma pergunta sobre física: quantas forças podem agir num mesmo ponto? Tomás responde que apenas um anjo pode agir num ponto (em comparação, um físico moderno diria que mais de uma força pode agir num mesmo ponto, mas que resulta apenas uma força).

Pode parecer que a tentativa de especificar a quantidade de anjos é uma maneira de zombar da existência deles. Como pode existir um determinado número finito de anjos? No entanto, a pergunta não é de se descartar. Se os anjos existem, então existe um número definido, assim como existe um número de estrelas no universo e um número de espécies de borboletas. Além disso, mesmo que seja impossível determinar esse número, a tentativa de identificá-lo serve como útil lembrete de uma ligação mais profunda entre anjos e números. A especulação teórica sobre os anjos tem sido frequentemente associada a números, o três, o sete, as dezenas, os milhares, e isso é possível porque tanto os números quanto os anjos são imateriais. Os filósofos influenciados por Platão costumam ter uma explicação realista dos números – como se eles existissem "lá fora", independentemente de qualquer conhecimento nosso: os números são descobertos, não inventados. Os anjos não são objetos matemáticos, mas, segundo essa maneira de pensar, realmente têm algo em comum com os números: são realidades imateriais que se impõem ao mundo material.

Miguel, o comandante

O arcanjo Miguel é nomeado nas Escrituras judaicas (Daniel 10: 13, 21; 12: 1), cristãs (Judas 9; Apocalipse 12: 7) e islâmicas (Alcorão 2: 98), bem como em muitos textos judaicos e cristãos antigos. O nome Miguel significa "Quem é como Deus?", e dizem ser um grito de batalha. Sem dúvida, Miguel é, dentre os arcanjos citados, o mais militar. Na arte, ele sempre aparece com uma espada ou na lança na mão, muitas vezes em luta contra o Demônio (Apocalipse 12: 7).

No livro de Daniel, Miguel aparece como "um dos grandes príncipes" (10: 13) e "o grande príncipe incumbido de teu povo" (12: 1). Isso dá a impressão de que, assim como cada indivíduo tem um anjo da guarda, cada nação tem um arcanjo a zelar por ela. Nesse esquema, Miguel é o arcanjo que cuida do povo de Israel. Assim, não admira que a devoção a Miguel como protetor do povo continuasse a ser forte entre os judeus, mesmo quando os rabinos estavam desencorajando as pessoas a invocar anjos. As orações deviam ser encaminhadas diretamente a Deus. Mesmo assim, é um consolo pensar que se dispõe de um defensor sobrenatural combatendo em favor do povo. Miguel chega a ser citado pelo nome nas orações da liturgia judaica.

No islamismo, Miguel (Mikhail) tem menos destaque do que Gabriel (Jibril), pois este é quem fala a Maomé. Mas, no cristianismo, Miguel é tão ou mais conhecido do que Gabriel. Isso, talvez, por duas razões. Primeiro, Miguel é o arcanjo que expulsou o Demônio do céu e, por isso, é invocado especialmente como proteção contra o Demônio.

A segunda razão pela qual Miguel continua a gozar de grande popularidade é sua ligação com o aspecto militar. Miguel era o defensor do povo de Israel na guerra. Da mesma forma, os cavaleiros cristãos também invocavam Miguel como protetor. Consta que teria aparecido ao imperador Constantino, em sua nova capital Constantinopla, trazendo-lhe vitórias militares. Na Itália, no século VII, os lombardos acreditavam que foi a intervenção de Miguel que lhes deu a vitória contra os gregos napolitanos. Há outras histórias de intervenções de anjos em guerras, sejam ou não citados pelo nome. Na Primeira Guerra Mundial, correu a história de um arqueiro anjo defendendo os britânicos em Mons. Mas, neste caso, a aparição do anjo parece ter sido um boato, derivado de um texto de ficção publicado num jornal.

A associação talvez mais famosa entre Miguel e uma intervenção militar foi sua aparição à jovem francesa Joana d'Arc (1412-1431). É uma história admirável, sob todos os aspectos. No começo do século XV, a Inglaterra havia tomado grande parte do norte da França, inclusive Paris, e se preparava para tomar o país inteiro. A única cidade de

14. Joana d'Arc, aqui representada com o arcanjo Miguel

maior porte no norte da França que ainda não era controlada pelos ingleses era Orleans. Não se esperava que resistisse. Em meio a esses grandes eventos, uma garota desconhecida de doze anos de idade teve uma visão em que Miguel, junto com duas santas, Catarina e Margarida, disse-lhe para libertar a França dos ingleses.

Aos dezesseis anos, embora fosse uma jovem desconhecida, sem nenhuma linhagem nobre, ela conseguiu ser recebida na corte francesa, causando impressão ao prever a vitória em Orleans. Vestida de homem, juntou-se ao exército como porta-estandarte e também ganhou nome como hábil estrategista militar. Durante dois anos, o exército francês teve êxitos notáveis, mas em 1430 Joana foi capturada pelos ingleses. Reuniu-se um grupo de bispos ingleses para condenar Joana como herege, pelo delito de se vestir como homem. Ela ardeu na fogueira, numa execução que muita gente na época considerou de caráter meramente político. Joana foi absolvida num novo julgamento logo após a guerra, e permaneceu como figura de devoção na França. Foi tardiamente canonizada pela Igreja católica romana em 1920.

Em 1886, o papa Leão XIII (1810-1903) determinou que todos os católicos rezassem ao arcanjo Miguel depois da Missa:

> São Miguel Arcanjo,
> Defende-nos em combate;
> Sê nossa proteção contra o mal e as ciladas do Demônio.
> Que Deus o afaste, rogamos humildemente,
> E que tu, ó Príncipe das hostes celestiais,
> Pelo poder de Deus,
> Precipites no inferno Satã e todos os espíritos malignos
> Que rondam pelo mundo procurando a perdição das almas.
> Amém

De início, essa oração se destinava a proteger a independência política do papa; mais tarde, destinava-se a restaurar a liberdade religiosa na Rússia. Esses dois objetivos mesclam os temas do conflito espiritual e temporal. Desde 1964, a oração deixou de fazer parte das preces regulares da Igreja, mas continua muito difundida entre os católicos.

Usualmente, Miguel é representado como um guerreiro com a espada desembainhada, mas, como Rafael, também é associado à cura. O papa Gregório, o Grande, rezou a Miguel para salvar Roma da peste, e Miguel apareceu numa igreja onde estavam reunidos os enfermos para escapar à peste. Depois desse episódio, a igreja passou a ser conhecida como Castel Sant'Angelo. Na Igreja Ortodoxa Oriental, Miguel também está associado à cura. Ele teria feito aflorar uma fonte de águas curativas perto de Colossae. Há outras fontes dedicadas a Miguel por todo o Oriente, e talvez seja por isso que o Nilo é dedicado a ele.

A data comemorativa de Miguel no Ocidente é o dia 29 de setembro, antigamente conhecido como Michaelmas. O termo ainda é utilizado para o semestre de inverno nas universidades de Oxford e Cambridge. O principal dia de Miguel entre os ortodoxos orientais é 8 de novembro. Agora, nas duas tradições, a data celebra todos os arcanjos em conjunto. Miguel é o santo padroeiro dos policiais e outros trabalhadores em emergências, e na Austrália o Dia Nacional da Polícia é comemorado em 29 de setembro.

Na tradição judaica e cristã, Miguel é, sem dúvida, o chefe dos arcanjos, mas não está muito claro como isso se encaixa dentro da hierarquia celestial completa. Segundo as hierarquias de Dionísio, se Miguel fosse um anjo no topo da hierarquia, então seria um serafim, e não um arcanjo. Tal era a posição de Boaventura (1221-1274). Outros colocam Miguel acima de todas as hierarquias, mas isso significaria que, então, ele não pertencia a lugar nenhum. A grande questão das hierarquias celestiais é ser abrangente e incluir todos os anjos. Tomás de Aquino captou o problema e declarou que Miguel é um arcanjo, pertencendo, portanto, à segunda ordem angelical. Isso mostra a tensão entre os grandes esquemas cósmicos das hierarquias celestes e a devoção a determinados anjos específicos.

O que faz de Miguel uma figura duradoura não é seu lugar na hierarquia. Na tradição judaica, Miguel é significativo devido a seu papel como protetor de Israel. No cristianismo, ele é invocado principalmente por seu combate contra o Demônio. É esse combate que será o tema de nosso próximo capítulo.

Capítulo 7

Anjos caídos

Uma guerra no céu

Então desencadeou-se a guerra no céu, Miguel e seus anjos lutando contra o dragão; e o dragão e seus anjos combateram, mas foram derrotados e não havia mais lugar para eles no céu. E o grande dragão foi derrubado, aquela antiga serpente que é chamada de Demônio e Satã, o enganador de todo o mundo – foi derrubado à terra, e seus anjos foram derrubados junto com ele. E ouvi uma voz potente no céu, dizendo: "Agora [...] o acusador de nossos irmãos foi derrubado, aquele que os acusa dia e noite perante nosso Deus [...] Regozijai-vos pois, ó Céus e vós que lá habitais! Mas ai de vós, ó terra e mar, pois o Demônio desceu a vós em grande ira, pois sabe que seu tempo é curto!". (Apocalipse 12: 7-12)

Essa passagem está no livro do Apocalipse, o último do Novo Testamento. Ela pinta um quadro expressivo da guerra espiritual entre duas forças, as forças da luz e as forças das trevas. As forças da luz são os anjos, mas quem são as forças das trevas? E de onde vieram? A resposta que se extrai dessa passagem, ao que parece, é que as forças das trevas, comandadas pelo Demônio, também chamado "Satã", originalmente eram anjos bons, mas se rebelaram e se voltaram contra Deus. O arcanjo Miguel, como comandante militar do exército angelical, expulsa os anjos maus do céu. É uma boa notícia para o céu, mas não para a terra, pois agora os anjos maus rondam pela terra procurando causar problemas para os seres humanos. Apesar disso, o autor do livro do Apocalipse não pretende estabelecer nenhuma equivalência entre o Criador e o Demônio. Para o judaísmo, o cristianismo e o islamismo, há apenas um Criador, e os anjos são criaturas. Se o Demônio e seu exército são anjos caídos, então o Demônio também é uma criatura. É o que mostra o fato de que o Demônio luta diretamente contra o arcanjo Miguel (e perde). Não há um combate direto entre Deus e o Demônio.

Esses "anjos caídos" também são chamados de espíritos malignos, espíritos impuros ou, simplesmente, demônios. No mundo grego, a palavra *daimon* era um termo positivo, referindo-se a criaturas sobrenaturais, a meio caminho entre as divindades e os seres humanos. Um *daimon* era o espírito, o gênio ou a inspiração da pessoa. Aristóteles chamava o estado de perfeita felicidade humana de *eudaimonia*, ter um bom *daimon*. O termo não está distante do significado de anjo. Mas a palavra *daimon* adquiriu um significado muito diferente e muito mais sombrio entre os judeus. Ganhou tais cores por um choque entre o judaísmo e a cultura helênica (grega).

O pano de fundo desse choque cultural foi o êxito de Alexandre, o Grande (356-323 a.C.), em criar um império que se estendia do Egito à Índia. O império selêucida durou trezentos anos, e sua influência se fez sentir por muitos séculos mais, em alguns aspectos até a data de hoje. Ele levou à difusão das ideias helênicas e da língua grega por todo o mundo antigo. Mas a relação entre o judaísmo e a cultura helênica nem sempre foi harmoniosa. Em 175 a.C., a Judeia estava sob o controle do rei selêucida Antíoco Epifânio (*c.*215-164 a.C.). Ele decidiu impor a cultura helênica e proibir a religião judaica. Disso resultou uma cruel perseguição, à qual se seguiu uma revolta judaica liderada por Judas Macabeu (*c.*190-160 a.C.). Esses acontecimentos são o tema dos livros dos Macabeus, os dois primeiros deles incluídos nas Bíblias católicas. Às vezes vêm incluídos nas Bíblias protestantes, entre os apócrifos.

No contexto da revolta macabeia, a palavra grega *daimon* passou a ser sinônimo de espírito maligno e de idolatria. Assim se inverteu o sentido positivo original da palavra "demônio", e essa inversão foi moldada por aquele período de perseguição em nome da religião. É coerente, pois, assim como um demônio é um anjo que se tornou maligno, uma religião perseguidora é uma religião que se tornou maligna. Quando a religião se deteriora, a deterioração pode ser realmente muito grande. O demoníaco é a corrupção de algo que antes era positivo, poderoso e sagrado. Philip Pullman procurou reviver esse antigo significado positivo do *daimon*. É uma iniciativa que nos serve para lembrar que as categorias do pensamento podem mudar e devem ser submetidas à crítica. Apesar disso, é útil dispor de uma palavra para um espírito maligno e sem dúvida continuará a ser este o sentido usual da palavra "demônio".

O apóstolo Paulo, numa de suas epístolas, incentiva os cristãos: "Envergai toda a armadura de Deus, para que possais resistir às astúcias do Demônio. Pois não estamos combatendo contra carne e osso, mas contra os principados, contra as potestades, contra os dirigentes terrenos dessas trevas de agora, contra as hostes espirituais da maldade nos locais celestiais" (Efésios 6: 11-12). Note-se que Paulo utiliza uma linguagem bélica: "armadura", "combatendo" contra "principados" e "hostes [exércitos] espirituais da maldade". O Demônio e seus anjos constituem um exército inimigo, e os cristãos devem estar cientes de que sofrerão ataques.

Na Idade Média, era muito importante para os cristãos terem clareza de que os demônios, antes, tinham sido anjos bons e caíram por seu livre arbítrio. Foi estabelecido categoricamente num concílio da Igreja: "O Demônio e os outros diabos foram criados por Deus, bons por natureza, mas se tornaram maus por eles mesmos; os seres humanos, porém, pecaram por sugestão do Demônio" (Credo Laterano IV). Os cristãos, naquela época, queriam deixar muito clara sua crença de que o mundo com tudo o que havia nele fora criado por Deus e, quando foi criado, era "muito bom" (Gênesis 1: 31). Rejeitavam a ideia de que existissem dois deuses: um deus bom e um deus mau, igualmente poderoso, que estavam em luta constante entre eles. Para os cristãos, o Demônio não é um deus mau, mas uma boa criatura que se extraviou e se virou contra seu Criador.

Como os anjos podem pecar?

A ideia de que os demônios são anjos caídos encaminha a questão da origem e identidade dos demônios. Também evita responsabilizar Deus pela criação de seres tão malignos. Quando Deus os criou, eles eram bons. Tornaram-se maus por escolha própria. Mas a ideia de que os anjos podem cair leva a uma quantidade enorme de outras perguntas. Que tipo de pecado um anjo pode cometer? Os seres humanos são criaturas fracas, com necessidades e desejos físicos e inteligência ou autocontrole limitados. É fácil ver como um ser humano pode se desviar de seu verdadeiro bem por algo que o atrai de imediato. O roubo e a infidelidade sexual são prejudiciais aos outros e são ações indignas de um ser humano, mas são ações muito comuns em todas as sociedades, porque parecem oferecer uma via rápida para o prazer e a segurança. Para os seres humanos, a coisa certa a fazer nem sempre é fácil.

Em oposição a isso, os anjos não têm necessidades físicas. Não precisam de posses materiais nem de segurança financeira. Não sentem fome, frio ou cansaço. Não são de carne e osso. Não sentem desejos físicos. Além disso, enquanto os seres humanos muitas vezes desconhecem e se confundem sobre o que é bom para eles, parece que os anjos teriam uma noção muito mais clara do que é bom para eles. Mas se os anjos conhecem bem a si mesmos e vivem na presença de Deus por que haveriam de deixar tal presença? Por que fariam uma escolha que devem ver que lhes é prejudicial?

Judeus e cristãos apresentaram várias sugestões sobre o tipo de pecado que os anjos cometeram, mas duas delas se destacam. A primeira sugestão é que o pecado dos anjos foi o orgulho. O orgulho é o tipo de falha que ocorre não aos fracos ou aos infelizes, mas aos talentosos e satisfeitos. Exatamente por terem um entendimento tão claro e serem tão superiores aos humanos, os anjos podiam se tornar orgulhosos. O orgulho dos anjos fez com que apreciassem mais a própria grandeza do que a origem dessa grandeza no Criador.

Tomás de Aquino argumentou que o orgulho do Demônio se expressou como desejo de ser igual a Deus. Ora, aqui há uma ironia porque, segundo Tomás de Aquino, os anjos bons foram feitos para se assemelhar a Deus, pois receberiam uma parte da vida de Deus. Se o Demônio tivesse aceitado a dádiva da vida de Deus, ele se tornaria como Deus. Mas o Demônio queria chegar a isso por seu próprio esforço. Foi por isso que Anselmo da Cantuária (1033-1109) disse que o Demônio "se agarrou àquele fim a que teria chegado se tivesse permanecido leal".

O outro pecado atribuído com frequência aos anjos é a inveja, não de Deus, mas dos seres humanos. Como notamos acima, o Talmude descreve a reação negativa dos anjos quando Deus expõe sua intenção de criar Adão. Segundo o rabino Moisés ha-Darshan, do século XI, em sua Midrash sobre o Gênesis, a queda é uma consequência direta da recusa de Satã a adorar Adão. Há um paralelo muito próximo no Alcorão, quando a queda de Íblis é associada à sua recusa a reconhecer Adão: "Dissemos aos anjos, 'Prostrai-vos diante de Adão', e eles se prostraram, exceto Íblis (Satã)" (7: 11-12; ver também 2: 34; 15: 28-31; 20: 116; 38: 71-4).

Isso leva a outra pergunta: quando os anjos caíram? Foi antes ou depois da criação da matéria? Se os anjos caíram por inveja a Adão, então teria sido depois do início do mundo. Segundo Tomás de Aquino, os anjos enfrentaram uma escolha já no primeiro instante de sua existência – ou reconheciam plenamente a Deus e faziam desse reconhecimento o significado completo de sua existência, ou optavam por fazer suas escolhas independentemente do Criador.

Aqui há uma diferença entre Aquino e Dante, pois Dante descreveu uma classe de anjos indiferentes, que não escolheram nem a favor nem contra Deus. Isso pode fazer parte de sua intenção de defender a ideia de uma esfera secular com certa independência de Deus. Tomás de Aquino, em contraposição, havia rejeitado a ideia dos anjos indiferentes. Existem anjos bons e anjos maus, mas nenhum anjo fica em cima do muro. Quando agem, agem com todo o seu ser.

Para os seres humanos, a vida é mudança, mas Tomás de Aquino considerava que os anjos não sofriam tais mudanças. Os anjos vivem na eternidade com Deus e não conhecem o tempo e a emoção, como no caso dos seres humanos. Assim, raciocinou Aquino, se os anjos caíram, foi bem no começo, e continuam caídos, ao passo que os que escolheram ficar com Deus continuam com Deus.

Djinns não são anjos caídos

No cristianismo e no judaísmo posterior, está claro que os demônios não são seres de espécie diferente da dos anjos; são simplesmente anjos que se extraviaram. Mas existem vertentes do antigo judaísmo muito menos claras sobre a identidade essencial dos anjos e demônios. Há uma passagem no Talmude que sugere que os demônios são uma terceira espécie de criatura, a meio caminho entre os seres humanos e os anjos.

> Os rabinos ensinaram: Seis coisas dizem respeito aos demônios, três em que são como os anjos: têm asas, voam de uma ponta a outra do mundo e conhecem o futuro; e três em que são como os homens: comem e bebem, são fecundos e se multiplicam, e são mortais.

Se os demônios comem, bebem, se reproduzem e morrem, então é evidente que têm algum tipo de corpo e não são puro espírito. Isso nos fornece o contexto para examinar as concepções islâmicas dos demônios.

No islamismo, os demônios (*shaitans*) não são anjos, e sim uma terceira espécie de ser: são *djinns*. São de espécie diferente da dos anjos porque, enquanto os anjos são feitos de luz, os *djinns* foram criados do "fogo sem fumaça". Assim, são levemente mais tangíveis do que os anjos, mas não são pesados como os seres humanos.

No Ocidente, o exemplo mais famoso de um *djinn* é o "gênio da lâmpada" de Aladim, de *As mil e uma noites*.

É um lugar adequado para começarmos a pensar sobre os *djinns*, pois são criaturas do folclore árabe. São tema de contos folclóricos, anteriores e posteriores ao Alcorão. Nessas histórias, fica claro que os *djinns* não são exclusivamente bons, como os anjos. Podem ser bons ou maus, prestimosos ou prejudiciais aos seres humanos. Aqui há algumas semelhanças entre os *djinns* e as fadas ou espíritos da natureza de outras culturas – seres caprichosos e dotados de poderes, que devem receber respeito, mas não confiança.

Os *djinns* são mencionados em várias passagens do Alcorão, especialmente no capítulo dedicado a eles, a Sura 72. Aqui fica explícito que os *djinns* têm livre arbítrio. Alguns são virtuosos e submetem sua vontade a Deus, enquanto outros são "menos que virtuosos" (72: 11). Assim, todos os demônios são *djinns*, mas nem todos os *djinns* são demônios. Também existem *djinns* bons.

Satã: adversário e tentador

Há muitos anjos (ou *djinns*) que caíram e se tornaram demônios, mas há também um demônio principal. Em hebraico, ele é chamado de Satã, que significa "adversário". Satã não é um nome próprio em hebraico, como Davi ou João, é sempre um título ou uma descrição. Não é Satã, é sempre *o* Satã. Essa palavra foi traduzida algumas vezes para o grego por um termo que significa "o acusador": *diabolos*. Esta é a origem para o termo inglês *devil* [*diabo* em português]. O Alcorão fala no Shaitan exatamente nos mesmos termos do Satã em hebraico. Também fala em muitos *shaitans*, da mesma forma como falamos em muitos demônios. Um dado interessante é que o nome dado ao Shaitan no Alcorão, Íblis, parece derivar do grego *diabolos*. Assim, uma palavra hebraica, traduzida para o grego e depois transliterada em árabe, passa a ser o nome islâmico do Demônio.

O judaísmo, o cristianismo e o islamismo têm muito em comum no que se refere ao Satã. Todos aceitam que existe tal criatura. Todos consideram o Satã como inimigo da raça humana. Todos ensinam que o Satã era bom e caiu por livre arbítrio. Nenhum apresenta o Satã como uma divindade maligna. Para os credos abraâmicos, há um único Deus, e Deus é bom. Pensar que o Satã equivale à personificação de todo o mal é exagerar sua importância. O Satã é apenas uma criatura que se afastou da verdadeira felicidade e agora procura estragar a felicidade das criaturas humanas.

Existem grandes semelhanças no que o islamismo e a tradição judaico-cristã pregam sobre o Satã, mas também há algumas diferenças. No judaísmo e no cristianismo, o Satã é um anjo caído. Acredita-se em geral que ele foi criado para ser o anjo mais poderoso ou mais elevado, às vezes chamado de Lúcifer, a estrela da manhã (em Isaías 14: 12). No islamismo, Íblis é um *djinn*. Há algumas passagens no Alcorão nas quais ele poderia parecer um anjo (por exemplo, 2: 34), mas na verdade essas passagens apenas o apresentam junto com os anjos. Em outras passagens, ele aparece feito de fogo (7: 12), como os *djinns*, e numa passagem ele é mencionado como "dos *djinns*" (18: 50). Por que há resistência no islamismo em ver o Satã ou os outros demônios como anjos caídos? Porque tal queda só pode se dar por meio do exercício do livre arbítrio e, segundo o islamismo, os anjos não têm livre arbítrio, são exclusiva e inevitavelmente bons. Não podem cair. Neste ponto, o pensador cristão Tomás de Aquino se aproximava da concepção islâmica. Ele também considerava que os anjos, por viverem na eternidade e verem Deus, não podem cair ou mudar de opinião num sentido fundamental. Mesmo assim, Tomás de Aquino pensava que os anjos de fato tiveram uma escolha fundamental, única e definitiva, no momento em que foram criados, e nesse instante podiam cair, e alguns deles efetivamente caíram.

A Bíblia hebraica começa com a história da criação, à qual se segue imediatamente a história da queda de Adão e Eva. O primeiro casal humano peca por ceder à tentação de uma "serpente", que é "mais sutil do que qualquer outra criatura selvagem que o Senhor Deus criou" (Gênesis 3: 1). Nessa versão original, não há nenhuma menção explícita ao Satã.

A primeira menção explícita ao Satã ocorre alguns séculos mais tarde, no livro de Jó. Neste livro, os anjos (literalmente "os filhos de Deus") estão com Deus, e o Satã está junto com eles. Deus se gaba dizendo como Jó é fiel, e o Satã lhe pede permissão para testar a fé de Jó. O Satã é o tentador que instiga Jó a maldizer Deus. O começo da história de Jó é muito parecido com o da história islâmica (e talmúdica) do Satã entre os anjos, recusando-se a se curvar diante de Adão. Ela mostra o Satã como tentador, cujo papel é testar os seres humanos. Ainda aqui não há qualquer identificação entre o Satã e a serpente na história de Adão e Eva.

No judaísmo posterior e no cristianismo, a serpente é identificada explicitamente com o Satã. O Novo Testamento menciona "aquela antiga serpente, que é chamada o Demônio e Satã" (Apocalipse 12: 9). A serpente é o Demônio. No Alcorão, é o Satã que sussurra aos seres humanos: "Vosso Senhor não vos proibiu [comer] desta árvore, senão para impedir que vos torneis anjos e alcanceis a existência eterna" (7: 20). Não há qualquer menção a serpentes.

Na história islâmica, não fica claro como o Satã consegue entrar no paraíso para tentar Adão, pois já fora expulso de lá. Alguns estudiosos afirmam que Adão e Eva estavam no final do jardim e o Satã sussurrou do lado de fora. Há um conto folclórico que diz que o Satã voltou disfarçado como um montinho de pó entre os dentes da serpente. Esse conto não influi no islamismo, mas faz a ligação entre o Satã e a serpente. A serpente simboliza o que é retorcido e perigoso. O mal se oculta como uma serpente na relva.

Nas três tradições abraâmicas, a atividade básica do Satã é tentar os seres humanos a praticar o mal. Como inimigo da espécie humana, o Satã não tenta prejudicar os seres humanos diretamente, mas fazer com que eles se prejudiquem a si mesmos. É o que bem expressa a descrição islâmica do Satã sussurrante. O Satã sussurra ao coração humano, mas são os seres humanos, dotados de liberdade e responsabilidade, que agem. Os seres humanos podem seguir tais sussurros e praticar o mal, ou podem ignorar esses sussurros e praticar o bem. O mesmo tema é abordado no clássico satírico cristão *The Screwtape Letters* (*Cartas de um diabo a seu aprendiz*). Nessas cartas, um demônio veterano ensina o sobrinho a tentar os seres humanos.

Na cultura popular, em filmes e desenhos animados, é usual representar-se a luta interior entre a consciência e a tentação como uma discussão entre um demônio (no ombro esquerdo) e um anjo da guarda (no ombro direito). Essa ideia tem ressonância na história judaica do Talmude, em que um homem volta da sinagoga acompanhado por dois anjos, um bom e um mau. A imagem do "anjo no ombro" pode ser rastreada até o Alcorão, em que se afirma que cada pessoa tem dois anjos que registram tudo e mantêm uma contagem de suas ações (50: 17). A ideia de que esses anjos ficavam em cima do ombro talvez tenha a influência das palavras do profeta, dizendo para não cuspir por sobre o ombro direito – pois ali há um anjo –, mas que se pode cuspir por cima do ombro esquerdo.

Segundo o judaísmo, o cristianismo e o islamismo, a tentação humana começou com o Satã no paraíso, e é habitual representar todas as tentações como oriundas do Demônio (ou de demônios individuais). Mas mesmo quem acredita na existência de tentadores diabólicos que sussurram no coração humano não precisa acreditar que todas as tentações provêm de um demônio. Tomás de Aquino disse que os seres humanos eram plenamente capazes de serem tentados por coisas atraentes ou assustadoras, sem precisarem ser espicaçados por um demônio. Imaginar que tudo o que há de errado no mundo e todos os pecados são obra imediata do Satã é superestimar seu poder e influência. Todas as coisas boas vêm de Deus. Mas o Satã não é responsável por todo o mal que há no mundo. O Satã é apenas um estraga prazeres que quer causar o máximo de problemas possíveis para a espécie humana. Como todas as criaturas, o poder dele é limitado.

Magia e invocação dos demônios

Embora o poder dos anjos e demônios seja limitado, ainda assim é superior, em alguns aspectos, ao poder dos seres humanos. Os anjos estão "acima" dos seres humanos. Pensadores como Tomás de Aquino sustentaram que as capacidades intelectuais dos anjos eram muito mais avançadas do que qualquer coisa que esteja ao alcance da maior inteligência humana. Em particular, os anjos têm algum conhecimento do futuro. Assim, não surpreende que algumas pessoas, ao longo da história, tenham tentado penetrar nesse saber angelical.

Segundo o Alcorão (2: 102), a magia negra teve sua origem com dois anjos, Harut e Marut. Eles ensinaram a feitiçaria aos babilônios e, desde então, ela tem sido usada por demônios. Essa magia negra pode ser utilizada para separar um casal e provocar outros danos. Mas, embora essa feitiçaria seja prejudicial e utilizada por demônios, os anjos Harut e Marut não eram, em si mesmos, malignos. Tentavam as pessoas porque era esta a tarefa que lhes cabia, mas não queriam que as pessoas desobedecessem a Deus. Os demônios, em contraposição, usavam essa magia para incentivar as pessoas a praticarem o mal.

Os que procuram obter poder ou conhecimento dos anjos geralmente recorrem aos anjos bons. Por exemplo, o ocultista seiscentista John Dee (1527-1608) construiu uma "mesa sagrada", que usava para se comunicar com os anjos e as almas dos mortos. Através de um médium chamado Edward Kelly (1555-1597), ele supostamente conjurava e conversava com o arcanjo Uriel. Foi Uriel que lhe ensinou as letras que estão inscritas na mesa, representando a língua dos anjos. Não se tratava, para Dee, de utilizar demônios. Mesmo assim, isso realmente reduz os anjos a uma fonte de poder. A diferença entre essa atitude e uma atitude religiosa foi bem resumida pelo filósofo Wittgenstein: "A fé religiosa e a superstição são totalmente diferentes. Uma resulta do *medo* e é uma espécie de falsa ciência. A outra é uma confiança".

As atividades excêntricas de John Dee consistiam numa espécie de falsa ciência, mas não eram explicitamente satânicas. Muito piores foram as alegadas atividades de Gilles de Rais (1404-1440), nobre que por algum tempo foi companheiro de Joana d'Arc e procedia ao assassinato de crianças em busca de um poder oculto. Embora Joana tenha sido acusada de feitiçaria, sua motivação era uma expressão de sua fé católica. No mais agudo contraste, Gilles de Rais, ao que parece, estava disposto a fazer o que fosse necessário, mesmo cometer crimes indizíveis, para obter um poder sobrenatural.

Satanismo e rebelião romântica

Se a própria ordem social é prejudicial, a revolta contra essa ordem pode ser, portanto, algo positivo ou virtuoso. Desde a Reforma protestante até a Guerra de Independência americana, há exemplos de rebelião humana amplamente admirados. Mesmo os que se mantêm leais a uma ordem antiga podem admirar a nobreza de espírito dos rebeldes. A coragem de resistir ao que se entende como maligno é uma coisa profundamente humana.

Apesar disso, pode haver uma idealização romântica da rebelião, mesmo quando não há nenhuma razão real para se rebelar. O "rebelde sem causa" é uma figura romântica porque ele (normalmente ele) luta contra tudo, sem uma noção de uma alternativa melhor. Essa atração pela rebelião sem rumo positivo está na raiz do satanismo e daquelas subculturas que usam a morte, o mal e o Demônio como símbolos da associação. Esses movimentos se desenvolvem em épocas nas quais a ordem moral vigente é considerada restritiva e hipócrita. Então vive-se a rebelião como uma espécie de libertação e uma forma de honestidade – a honestidade da impudência e da blasfêmia. Encontram-se exemplos desde Gilles de Rais aos prazeres comparativamente inocentes dos "Clubes do Inferno" do século XVIII (onde aristocratas devassos procuravam prazeres deliberadamente blasfemos) e às perversões sexuais deliberadas do Marquês de Sade (1740-1814). No século XIX, havia cultos satanistas organizados. Encontra-se uma descrição vívida desses cultos nas obras do romancista Joris-Karl Huysmans (1848-1907).

Embora ainda existam cultos satânicos, a expressão dominante da rebelião autodestrutiva na cultura contemporânea se encontra na música *heavy metal*, como fica evidente em nomes como Black Sabbath e Judas Priest. Talvez fique evidente também no Clube de Motocicletas Hells Angels. Nesses exemplos, a questão é se essa rebelião é uma válvula de escape simbólica – uma espécie de catarse – ou se é danosa e autodestrutiva. Em favor da interpretação mais benigna, teríamos o exemplo de uma figura como Ozzy Osbourne (1948-), que fundou o Black Sabbath e foi acusado de cumplicidade no suicídio de dois adolescentes, mas que em 2002 tinha se integrado tanto ao sistema que foi convidado a jantar na Casa Branca. Existe uma enorme diferença entre o valor de choque e contestação adolescente da música blasfema e Gilles de Rais, verdadeiramente demoníaco. Apesar disso, essas subculturas contemporâneas de rebelião romântica não podem ser consideradas totalmente inocentes ou salutares. Geralmente incentivam o excesso de riscos, o abuso de drogas, a criminalidade, o suicídio e outras formas de autodestruição.

15. Os Hells Angels adotam o nome dos anjos rebeldes ou caídos

Relações sexuais com demônios

> Quando os homens começaram a se multiplicar sobre a face da terra, e lhes nasceram filhas, os filhos de Deus viram que as filhas dos homens eram formosas; e tomaram como esposa aquelas que escolheram. [...] Naqueles dias os Nephilim estavam na terra, e também depois, quando os filhos de Deus se chegaram às filhas dos homens e nelas geraram filhos. Estes foram os homens poderosos de antigamente, os homens de renome. (Gênesis 6: 1, 2, 4)

Esse curto parágrafo do livro de Gênesis é, talvez, a passagem mais estranha de toda a Bíblia hebraica. Parece sugerir que os anjos caíram por terem sido atraídos pela beleza feminina e que, depois de caídos, desposaram mulheres e tiveram filhos que eram gigantes (como às vezes traduz-se *nephilim*). Há uma ressonância interessante dessa história no filme *City of Angels* (*Cidade dos anjos*). Mesmo assim, isso contraria grande parte do que dissemos até agora sobre os anjos. Se os anjos não têm corpo, por que sentiriam atração pela beleza física? E, mais importante, como poderiam gerar filhos?

Essa história do intercurso sexual entre anjos e mulheres é retomada, na verdade ampliada, em alguns livros judaicos, como Enoque e Jubileus. Esses livros foram escritos por volta da época de Jesus – depois da Bíblia hebraica, mas antes do Talmude. Nessas versões, os anjos caídos se chamam Azazel e Samhazai. Os dois se casam e têm filhos. Mais tarde, Samhazai se arrepende e volta para um lugar a meio caminho entre a terra e o céu, mas Azazel permanece na terra e é mencionado na Bíblia como um demônio que mora no deserto (Levítico 16: 10; algumas versões traduzem Azazel como "bode expiatório").

A tradição judaica posterior apresenta outra interpretação dessa passagem bíblica, segundo a qual os "filhos de Deus" não se referiam a anjos, e sim a ocupantes de cargos elevados entre o povo. Autores cristãos como Agostinho interpretaram os filhos de Deus como descendentes de Seth, e as filhas dos homens como descendentes de Caim. Nessas duas interpretações, a história não trata de anjos, e sim de grupos privilegiados de seres humanos.

Apesar disso, mesmo que Agostinho afirme que essa passagem não se refere a anjos, ele pensa de fato que os demônios podem ter e realmente têm relações sexuais com as mulheres – são as divindades das matas: faunos ou sátiros, "que o vulgo chama de íncubos". Agostinho alega que muitas pessoas fidedignas tiveram tais experiências. Ao que parece, as pessoas usavam o conceito de íncubo para descrever sonhos eróticos indesejados e perturbadores. Certamente, Agostinho não menciona nenhuma prova de que tenha nascido alguma criança como fruto da visita de um íncubo.

A imaginação popular se sente tentada a crer que uma criança poderia ser literalmente nascida do Demônio. No filme *Rosemary's Baby* (*O bebê de Rosemary*), esse tema é usado para explorar as preocupações normais da gravidez, a sensação de que o corpo da mulher está, de certa forma, possuído. Em *The Omen* (*A profecia*), o mesmo tema adquire a dimensão de uma conspiração global e medo de que venha o fim do mundo (com uma boa sátira em *Good Omens* [*Belas maldições*], de Terry Pratchett e Neil Gaiman).

No passado, algumas vezes utilizou-se a ideia de um filho do demônio para designar e justificar a rejeição de uma criança com alguma incapacidade ou distúrbio de comportamento. Uma criança dessas não era fruto legítimo dos pais. Era uma "criança trocada". Mas Tomás de Aquino foi muito taxativo ao declarar que nenhum anjo ou demônio jamais poderia gerar um filho. A procriação é uma capacidade biológica natural que os anjos e os demônios não têm. A única possibilidade admitida por Tomás de Aquino é que um demônio assuma a forma de uma mulher (súcubo), mantenha relações sexuais com um homem, transforme-se então em homem (íncubo) e impregne a mulher com o sêmen do homem. Assim seria possível conceber uma criança, mas, escreveu Tomás em tom triunfante, não seria filho do demônio e sim filho do homem! Não existem crianças demônios, apenas crianças perturbadas que foram demonizadas.

A possessão demoníaca

E prontamente apareceu na sinagoga um homem com espírito impuro, e ele exclamou: "O que queres conosco, Jesus de Nazaré? Vieste nos destruir? Sei quem és, o Santo de Deus". Mas Jesus o repreendeu, dizendo: "Cala-te, e sai dele!". E o espírito impuro, convulsionando-o e clamando em voz alta, saiu dele. E todos ficaram admirados, perguntando entre si e dizendo: "O que é isso? Uma nova doutrina! Com autoridade ele manda até nos espíritos impuros, e eles o obedecem". (Marcos 1: 23-7)

O Novo Testamento traz muitos episódios de Jesus expulsando demônios. Em geral, o demônio reconhece Jesus e fala com ele. Jesus proíbe que o demônio fale e então manda que saia da pessoa. Ao sair, o demônio pode fazer com que a pessoa caia ou grite, mas, depois de ir embora, a pessoa fica "em seu juízo perfeito" (Marcos 5: 15).

Numa história famosa, um homem está com muitos demônios. Jesus pergunta: "Como é teu nome?", e o homem responde: "Meu nome é Legião, pois somos muitos" (Marcos 5: 9). Os demônios então pedem a Jesus, que está prestes a expulsá-los, que lhes permita entrar numa vara de porcos. Ele permite, "e a vara, com mais de 2 mil porcos, precipitou-se pelo despenhadeiro no mar e se afogou" (Marcos 5: 13). Não está clara a vantagem que os demônios têm com isso, mas o efeito sobre os porcos mostra o poder que estava oprimindo o homem. No judaísmo, os porcos são vistos como animais impuros e, por associação, mostram que os demônios também são impuros. No Evangelho de Marcos, usa-se com frequência a expressão "espíritos impuros" para designar os demônios.

Quando Jesus expulsa os demônios, ele utiliza sua própria autoridade. Não invoca o arcanjo Miguel, nem Abraão,

Salomão ou quem for. Por ser ele quem é, é por sua própria autoridade que Jesus manda nos demônios. Isso leva alguns críticos a acusar Jesus de estar aliado ao Demônio. "Ele está possuído por Belzebu, e pelo príncipe dos demônios ele expulsa os demônios" (Marcos 3: 22). Jesus responde com uma pergunta: "Como Satã pode expulsar Satã?" (Marcos 3: 23). Não interessa a Satã reduzir seu reino ou libertar as pessoas do poder dos demônios. Para Jesus e seus primeiros seguidores, a autoridade de Jesus sobre os demônios era um sinal de que nascia uma nova era e o reino de Deus estava se estabelecendo na terra.

Jesus e seus seguidores não eram os únicos exorcistas judaicos operando naquela época. Josefo fala de um homem chamado Eleazar, que invocava o nome de Salomão para expulsar os demônios. Ele pegou uma raiz mencionada por Salomão e inseriu numa argola. Então pôs essa argola nas narinas do homem possuído e expulsou o demônio por elas. Um autor rabínico desse período aconselhou que, para expulsar um espírito maligno que tivesse entrado em alguém, deviam-se queimar as raízes de algumas ervas sob ele e cercá-lo de água. A incineração das raízes para expulsar o Demônio traz uma ressonância do livro de Tobias, no qual Rafael queima o coração e o fígado de um peixe para expulsar o demônio Asmodeus (Tobias 6: 17). Assim, a ideia do exorcismo está presente no judaísmo, mas tem recebido muito maior destaque em algumas tradições do que em outras. Ela está associada especialmente ao judaísmo germânico e centro-europeu na Idade Média e no início da era moderna, com a Cabala e o hassidismo.

Os conceitos de possessão e exorcismo de *djinns* malignos também se encontram no islamismo. Um versículo do Alcorão compara os agiotas, que cobram juros sobre os empréstimos, aos "dominados pelo Satã" (2: 275). Mais significativa é uma história do profeta Maomé realizando um exorcismo. Ele abre a boca do menino afetado e sopra três vezes dentro dela, dizendo: "Em nome de Alá, sou o servo de Alá, sai, inimigo de Alá!".

É de se notar que essa história não tem o peso de autoridade do Alcorão, e a passagem no Alcorão está aberta a outras interpretações diferentes. Por isso há alguns estudiosos muçulmanos que não creem que possa realmente ocorrer a possessão pelos *djinns*. De qualquer modo, para o islamismo a existência dos *djinns* é uma questão de fé, e os muçulmanos mantêm até hoje o costume de expulsar os *djinns* malignos.

A ideia de possessão demoníaca está presente, em maior ou menor grau, no cristianismo, no judaísmo e no islamismo. Apesar disso, as três são cautelosas em atribuir sintomas de distúrbios físicos ou psiquiátricos a demônios ou a *djinns*. Por exemplo, aparece no Novo Testamento um menino que estaria possuído por um demônio que "o agarra, derruba-o; e ele espuma, range os dentes e fica rígido" (Marcos 9: 18). Sem dúvida parece-se muito com epilepsia. Outros sintomas parecem indicar distúrbios de dissociação da personalidade, esquizofrenia ou síndrome de Tourette. Qualquer que seja a interpretação das histórias antigas, quando se está diante de um caso contemporâneo é importante identificar a causa do mal, seja físico, psiquiátrico ou sobrenatural. Por isso, a Igreja católica romana, que continua a realizar exorcismos, exige que sejam eliminadas todas as causas físicas ou mentais antes de autorizar o ritual exorcista. Encontram-se precauções semelhantes entre os estudiosos rabínicos e islâmicos contemporâneos. Apesar disso, deve-se admitir que, nos três credos, existem formas religiosas menos discricionárias quanto às ocasiões em que se deve realizar um exorcismo. Se o afã em expulsar demônios impedir um tratamento físico ou psiquiátrico adequado, ele poderá realmente prejudicar a pessoa.

A ideia do exorcismo muitas vezes fascina pessoas que não são religiosas, e filmes como *O exorcista* (1973) e, mais recentemente, *O exorcismo de Emily Rose* (2005) continuam a despertar interesse, sobretudo porque ambos se baseiam vagamente em casos verídicos. Para as pessoas que são religiosas, não raro há uma ambivalência em relação a esse assunto. Se o interesse pelos anjos não constitui o centro da religião, o interesse por demônios ainda menos. Mesmo que haja alguns indivíduos diretamente atormentados por demônios, o papel mais significativo dos demônios é tentar ou instigar os seres humanos a prejudicarem a si mesmos e aos outros. A maldade humana resulta de escolhas humanas, resulta de decisões livres nas quais o Satã realmente não passa de mero agente provocador.

Capítulo 8

A luta com os anjos

Jacó e o anjo

E Jacó ficou sozinho; e um homem combateu com ele até o romper do dia. Quando o homem viu que não vencia Jacó, tocou a cavidade de sua coxa, e a coxa de Jacó se deslocou quando combatia com ele. Então ele disse: "Deixa-me ir, pois o dia está raiando". Mas Jacó respondeu: "Não te deixarei ir, a menos que me abençoes".
E ele lhe disse: "Como te chamas?". E ele respondeu: "Jacó".
Então ele disse: "Teu nome não será mais Jacó, e sim Israel, pois lutaste com Deus e com os homens, e venceste".
Então Jacó lhe pediu: "Rogo-te que me digas teu nome". Mas ele disse: "Por que perguntas meu nome?". E ali o abençoou.
Assim Jacó deu ao lugar o nome de Peniel, dizendo: "Pois vi Deus face a face, e minha vida foi preservada". (Gênesis 32: 24-30)

O anjo neste relato não vem como mensageiro, como Gabriel, ou trazendo cura, como Rafael. O anjo não vem testar a hospitalidade de Jacó, como os três anjos que visitaram Abraão. Este anjo vem na escuridão da noite, para lutar com Jacó, para testar seu espírito e sua firmeza. Jacó vence, sobrevive e vê o sol nascer, embora adiante conste que passou a mancar pelo resto da vida (Gênesis 32: 25). O embate todo é um tanto misterioso. Jacó encontra Deus, que o abençoa, mas, antes de ser abençoado, tem de lutar com Deus. O anjo não é um espírito maligno, mas é um espírito tremendo.

Essa cena raramente foi retratada antes do século XIX. Uma exceção é Rembrandt (1606-1669). Mas as imagens encontram grande repercussão no mundo moderno. Assim como Paul Klee luta para ver anjos que não sejam "incompletos", "esquecidos" e "ainda feios", vários outros artistas do século XIX e XX se inspiraram nessa luta entre o homem e o anjo. Eugène Delacroix (1798-1863), Gustave Moreau (1826-1898), Paul Gauguin (1848-1903), Odilon Redon (1840-1916), Jacob Epstein (1880-1956) e Marc Chagall (1887-1985) realizaram imagens memoráveis desse embate. No caso de Gauguin, o quadro se chama *Visão depois de um sermão*. A pintura mostra um grupo de mulheres com trajes bretões, conversando e orando. As figuras de Jacó e do anjo, pintadas sobre um fundo vermelho vivo, não são naturalistas, mas a luta, mais do que a imobilidade de um ícone, tem uma vitalidade terrena. Ela se passa na imaginação das mulheres, mas nem por isso deixa de ser real.

A expressão "lutando com anjos" tem sido adotada em várias coleções modernas de contos e poemas e para obras tão variadas como uma história dos judeus em Los Angeles, um estudo das atitudes judaicas diante do emprego israelense de força militar, uma reflexão sobre sobreviventes ao câncer, uma análise sobre a sexualidade e a Igreja, e muitas outras. É o título de uma biografia da romancista neozelandesa Janet Frame (1924-2004) e também do filme biográfico sobre o teatrólogo judeu e ativista dos direitos dos homossexuais Tony Kushner (1956-), que apresenta, entre outras coisas, Emma Thompson no papel de um anjo que bate e atravessa um forro. *Wrestling with Angels* é também o título de um livro de Rowan Williams, arcebispo da Cantuária, cujo subtítulo é *Conversations in Modern Theology*.

Essas obras de arte e literatura mostram uma luta espiritual que é tipicamente moderna. A imagem de lutar com o anjo é expressão de uma experiência muito comum. Não se nega o significado religioso do passado, mas esse significado é esquivo e só surge com dificuldade. Jacó vence e recebe sua bênção, mas retorna à vida mancando.

16. Gauguin pintou um grupo de mulheres relembrando um sermão sobre Jacó em luta com o anjo

Um espelho para a humanidade

Um tema corrente neste livro é que a reflexão sobre os anjos pode iluminar aspectos da existência humana. Nas tradições abraâmicas, o debate sério sobre os anjos muitas vezes é uma maneira indireta de falar sobre os seres humanos: a angelologia como antropologia disfarçada.

Os anjos frequentemente realçam momentos de grande importância humana. Estão presentes em momentos sagrados, no começo e no fim da vida. Não só o nascimento, mas já a concepção de uma criança é o princípio de algo novo. Isso é revelado pela presença dos anjos no momento da concepção. As pessoas raramente refletem sobre o fato de que nem sempre existiram. Mas a vida de cada um é algo radicalmente novo, algo jamais repetido, algo misterioso. Ela tem significado humano desde seu princípio.

Os anjos também estão presentes no final. A presença deles nos lembra a necessidade de uma atenção espiritual no final da vida. Graças ao trabalho de Elisabeth Kübler-Ross (1926-2004) e outros, a preocupação em "morrer bem" tem ressurgido entre psicólogos e atendentes do setor da saúde. A associação entre anjos e moribundos expressa a esperança não só pela vida após a morte, mas também por um significado na morte. Apresenta um grande desafio e é um contexto no qual realmente se pode falar em lutar com os anjos.

Além de marcar as grandes transições do começo e do fim, os anjos também atestam o significado da vida humana, muitas vezes negligenciado. Isso vale para as vidas que não recebem atenção, de pessoas que são marginais em termos de posição social ou capacidades humanas. Não só todas as pessoas têm um anjo da guarda, como também os exemplos de São Martinho de Tours e de Dorothy Day mostram que a ideia de "receber anjos" pode ajudar as pessoas a reconhecer o estranho que têm diante de si.

Os anjos também chamam a atenção para a importância dos acontecimentos na vida. Este é o tema do filme *It's a Wonderful Life* (*A felicidade não se compra*). O anjo, Clarence Oddbody, mostra ao desesperançado George Bailey as verdadeiras consequências de suas ações. Isso ajuda George a ver o efeito de vários gestos de bondade, pequenos e corriqueiros, e o efeito cumulativo de uma vida bondosa para os que estão ao redor. Mais importante, o anjo lhe lembra o que e quem ele valoriza na vida. Seu desespero tinha sido introspectivo. O anjo lhe mostra como ele está ligado a outras pessoas e lhe dá esperança.

A importância da experiência humana também é o tema do belo filme alemão *Der Himmel über Berlin* (*As asas do desejo*). O filme mostra anjos em Berlim observando e acompanhando as pessoas da cidade. É a história de um anjo que se cansa de ficar eternamente observando "de cima" e quer imergir no rio do tempo – viver o "aqui e agora", tocar, provar, sentir o mundo. O anjo age como um espelho, por contraste. Os seres humanos não são anjos, e esse reconhecimento pode levar a uma nova apreciação da riqueza da vida humana.

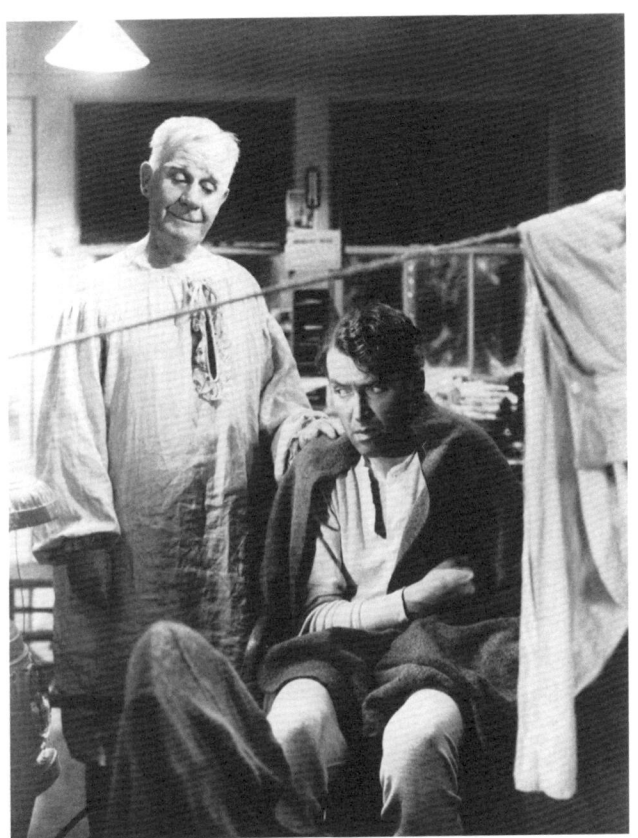

17. Clarence Oddbody, Anjo de Segunda Classe, é designado como anjo da guarda de George Bailey em *It's a Wonderful Life* (*A felicidade não se compra*)

Um tempo de anjos

Lynn Townsend White (1907-1987), num importante ensaio de 1967, acusou o cristianismo (e, por extensão, o judaísmo e o islamismo) de ter "uma enorme carga de culpa" pela crise ecológica nascente. O problema básico seria que os cristãos consideravam os seres humanos como o auge da criação. Apenas os seres humanos eram feitos à "imagem de

Deus" (Gênesis 1: 27) e por isso receberam o "domínio" sobre o resto da criação (Gênesis 1: 28). Essa ideia conduziu muito facilmente a uma atitude de dominação ou exploração. Outros seres vivos só tinham valor se fossem úteis para os seres humanos. Essa atitude utilitária diante da criação levou a uma crise que ameaça trazer uma calamidade ao planeta inteiro.

Embora a arrogância antropocêntrica apontada por White possa ter suas raízes numa distorção do cristianismo, essa atitude problemática se amplificou ainda mais em algumas linhas do pensamento secular. Para filósofos ateus como Ludwig Feuerbach (1804-1872) ou Bertrand Russell (1872-1970), a existência de Deus e de seres espirituais "acima" dos seres humanos representa uma ameaça à liberdade humana. Os seres humanos estão e devem estar no controle do mundo. A natureza é um objeto a ser controlado. Nada é sagrado. Isso se vê mesmo nos escritos de Philip Pullman, para quem é preciso matar Deus e derrubar os anjos, para que o céu deixe de ser um reino e passe a ser uma "república celeste". Assim os seres humanos se tornam a fonte de todos os valores.

A reflexão sobre os anjos pode ajudar a remediar isso. Se os seres humanos estão "um pouco abaixo dos anjos" (Salmos 8: 5, versão LXX), então estamos no meio de uma cadeia do ser, não no topo, acima de tudo mais. Da mesma forma, a ideia de uma "música das esferas" angelical expressa a beleza e a harmonia de todo o cosmo. Os seres humanos ocupam seu lugar nesse conjunto, e não acima e contra o resto da criação. Isso se vê também na cena de Rafael, Tobias e o cão (Tobias 6: 1-2), que é uma imagem do microcosmo da vida angelical, humana e animal. A cena mostra uma jornada conjunta, uma peregrinação espiritual. A jornada ainda não se completou e não pode ser inteiramente entendida antes de terminar.

Os anjos têm assumido diversas formas em diversos tempos e lugares. Portam significados culturais distintos. Mesmo assim, há padrões recorrentes. Os anjos são figuras liminares, no limiar entre o mundo visível e o mundo invisível. As histórias de anjos costumam ser engraçadas ou irônicas. Nas palavras de Chesterton, "os anjos podem voar porque não se atribuem muito peso".

As imagens e ideias dos anjos se movem facilmente entre diversas religiões e dentro da cultura contemporânea. Esta é mais uma razão pela qual o judaísmo, o islamismo e o cristianismo às vezes são ambivalentes em relação a eles. Os anjos não se detêm nos limites de uma religião. Os comentários sobre os anjos sempre floresceram mais na cultura popular do que nas categorias oficiais. Eles ajudam a iluminar as limitações dessas categorias e nos ensinam a desconfiar do racionalismo fácil, seja secular ou religioso. O mundo não é totalmente ordenado, e não seria honesto nem proveitoso ordená-lo de maneira artificial. Os anjos ajudam a mostrar o mistério de tudo isso.

A natureza esquiva dos anjos ajuda a explicar por que continuam difundidos numa época em que é difícil ter fé. É por isso que Iris Murdoch descreveu essa era como um "tempo de anjos" e chegou a escrever que, se Deus não existe, os anjos foram postos em liberdade. Mas, se os anjos foram "postos em liberdade" em nossa cultura moderna irreligiosa, como a popularidade deles parece demonstrar, então eles deveriam poder dar meia-volta e retornar à sua origem, como pombos voltando para casa. Um dos objetivos deste livro é incentivar as pessoas a verem os anjos em seu hábitat natural. Não é uma tentativa de restringir a importância que as pessoas encontram nos anjos. É sobretudo um convite a aumentá-la e rastrear o significado dos anjos na tradição espiritual que se inicia com Abraão, seja em suas formas judaicas, cristãs ou islâmicas.

Até aqui, tenho evitado na medida do possível indagar diretamente sobre as provas da existência dos anjos. Então, o que penso eu? Os anjos realmente existem? Parece-me tolice tentar provar a existência dos anjos. Seria como testar deliberadamente uma amizade – algo que, provavelmente, seria mais danoso do que proveitoso. O desejo de testar tudo brota de uma preferência pelo conhecimento em detrimento da confiança. Por outro lado, se tentar provar a existência dos anjos é uma tolice, tentar excluir *a priori* a possibilidade da existência deles me parece uma tolice ainda maior. Só se pode negar a possibilidade dos anjos reduzindo-se toda a realidade a categorias físicas, à matéria em movimento. No entanto, os seres humanos possuem uma vida interior, são conscientes, capazes de entender, de agir livremente, de formular juízos morais, de firmar compromissos mútuos e de se dedicar a causas maiores. Não é possível expressar tudo isso em termos puramente físicos ou quantitativos. Em prol da humanidade, portanto, é necessário defender o espírito humano, e isso significa manter a mente aberta quanto à existência de outros espíritos, imateriais.

A preocupação contemporânea com os anjos é um incômodo para muitos fiéis e uma afronta para muitos ateus. Todavia, este é um tempo de anjos. Os visitantes que se sentaram outrora à mesa de Abraão ainda estão aqui. Não dão sinais de que deixarão a cultura moderna. Preferem ficar, seja para nos inspirar, nos consolar ou lutar contra nós.

Referências

Capítulo 1. Uma breve história dos anjos

ALIGHIERI, Dante. *A divina comédia*. Trad. Ítalo Eugênio Mauro. São Paulo: Editora 34, 1998.

DIONÍSIO. *Obra completa*. Trad. Roque A. Frangiotti. São Paulo: Paulus, 2004. www.esoteric.msu.edu/VolumeII/CelestialHierarchy.html

The Book of Enoch. Trad. R. H. Charles. Londres: SPCK, 1917. www.sacred-texts.com/bib/boe/index.htm

JOSEFO. *História dos hebreus, Obra completa*. Trad. Pe. Vicente Pedroso. Rio de Janeiro: CPAD, 2004. www.ccel.org/j/josephus/works/josephus.htm

MATT, Daniel Chana (org.). *O Zohar: o livro do esplendor*. Trad. Rosie Mehoudar. Belo Horizonte: Petra, 2006.

PULLMAN, Philip. *A bússola de ouro*. Trad. Eliana Sabino. Rio de Janeiro: Ponto de Leitura, 2010.

AQUINO, Tomás de. *Suma teológica*. Coord. e trad. Josaphat Pinto de Oliveira, OP et al., 9 vols. São Paulo: Loyola, 2009.

VIRTUE, Doreen. *Manual da terapia dos anjos*. Trad. Martha Malvezzi. São Paulo: Madras, 2011.

Capítulo 2. A representação dos anjos

DOEUFF, Michele Le. *The Sex of Knowing*. Nova York: Routledge, 2003.

MAYR-HARTING, Henry. *Perceptions of Angels in History: An Inaugural Lecture*. Oxford: Clarendon Press, 1998.

RILKE, Rainer Maria. *Elegias de Duíno*. Trad. Dora Ferreira da Silva. Porto Alegre: Globo, 1984.

ÁVILA, Teresa de. *Livro da vida*. Trad. Marcelo Cavallari. São Paulo: Penguin/Companhia, 2010. www.gutenberg.org/ebooks/8120

TERTULIANO. *Apology*, in Allan Menzies (org.), *Ante-Nicene Fathers*, vol. III. *Latin Christianity: Its Founder, Tertullian*. Edimburgo: T&T Clark; Grand Rapids, MI:

Eerdmans Publishing Company, 1885. www.ccel.org/ccel/schaff/anf03.html

Capítulo 3. O que é um anjo?

ARISTÓTELES. *Metafísica*. Trad. Leonel Vallandro. Porto Alegre: Globo, 1969. http://classics.mit.edu/Aristotle/metaphysics.html

PLATÃO. *Fédon*. Trad. Maria Teresa Achiappa de Azevedo. Brasília: EdUnB, 2000. http://classics.mit.edu/Plato/phaedo.html

MAIMÔNIDES, Moisés. *O guia dos perplexos*. Trad. Uri Lam. São Paulo: Landy, 2003. http://books.google.co.uk/books?id=e4GgHMPDok0C

SCHAFF, Philip (org.). *St. Augustin's: City of God and Christian Doctrine.* Nicene and Post-Nicene Fathers First Series Volume 2; Edimburgo: T&T Clark; Michigan: Eerdmans Publishing Company, 1887. www.ccel.org/ccel/schaff/npnf102.html

AQUINO, Tomás de. *Suma teológica*. Coord. e trad. Josaphat Pinto de Oliveira, OP et al., 9 vols. São Paulo: Loyola, 2009. www.newadvent.org/summa

Capítulo 4. Mensageiros divinos

HEATHCOTE-JAMES, Emma. *Seeing Angels*. Londres: Jon Blake Publishing, 2002.

SCHAFF, Philip (org.). *St. Augustin's: City of God and Christian Doctrine.* Nicene and Post-Nicene Fathers First Series Volume 2; Edimburgo: T&T Clark; Michigan: Eerdmans Publishing Company, 1887. www.ccel.org/ccel/schaff/npnf102.html

Capítulo 5. Espíritos ministradores

As mil e uma noites. Trad. Mamede Jarouche. São Paulo: Biblioteca Azul, 2005.

JONES, David Albert. *The Soul of the Embryo: An Enquiry into the Status of the Human Embryo in the Christian Tradition.* Londres: Continuum, 2004.

Tugwell, Simon. *Human Immortality and the Redemption of Death*. Londres: Darton, Longman and Todd, 1990.

Newman, John Henry. *The Dream of Gerontius*. Oxford: Family Publications, 2001. www.newmanreader.org/works/verses/gerontius.html

Severo, Sulpício. *On the Life of St Martin*. Trad. Alexander Roberts, in Philif Schaff e Henry Wace (orgs.), *Sulpitius Severus, Vincent of Lerins, John Cassian*. Nicene and Post-Nicene Fathers Second Series Volume 11; Edimburgo: T&T Clark; Michigan: Eerdmans Publishing Company, 1894. www.ccel.org/ccel/schaff/npnf211.html

Capítulo 6. Hostes celestes

Appleyard, Bryan. *Aliens: Why They Are Here*. Londres: Scribner, 2005.

Carlyle, Thomas. *Sartor Resartus*. World Classics. Oxford: Oxford University Press, 1999.

Dionísio. *Celestial Hierarchy*, in *Esoterica*, vol. II. *148-202*. 2000. www.esoteric.msu.edu/VolumeII/CelestialHierarchy.html

D'Israeli, Isaac. *Curiosities of Literature: Consisting of Anecdotes, Characters, Sketches, and Observations, Literary, Critical, and Historica*. Impr. para J. Murray, 1791; original da Universidade de Oxford. www.books.google.co.uk/books?id=rVkUAAAAQAAJ

Dryden, John. *The Hind and the Panther*, in Paul Hammond e David Hopkins (orgs.), *Dryden: Selected Poems*. Annotated English Poets; Londres: Longman, 2007.

The Book of Enoch, trad. R. H. Charles. Londres: SPCK, 1917. www.sacred-texts.com/bib/boe/index.htm

Hilton, Walter. *The Scale of Perfection*. Trad. John Clark e Rosemary Dorward. Classics of Western Spirituality; Nova York: Paulist Press, 1990.

Otto, Rudolf. *O sagrado*. Trad. Prócoro Velasquez Filho. Petrópolis: Vozes, 2007.

Pascal. *Pensamentos*. Trad. Mário Laranjeira. São Paulo: Martins Fontes, 2005.

Fílon. *On Dreams: That They Are God-Sent*, in *The Works of Philo: Complete and Unabridged*. Trad. Charles Duke Yonge. Peabody, MA: Hendrickson Publishers, 1993.

Sheldrake, Rupert; Fox, Matthew. *A física dos anjos*. Trad. Carolina Coelho. São Paulo: Aleph, 2008.

Aquino, Tomás de. *Suma teológica*. Coord. e trad. Josaphat Pinto de Oliveira, OP et al., 9 vols. São Paulo: Loyola, 2009. www.newadvent.org/summa

von Däniken, Eric. *Eram os deuses astronautas?*. Trad. E. J. Kalmus. São Paulo: Melhoramentos, 2010.

Capítulo 7. Anjos caídos

Lewis, Clive Staples. *Cartas de um diabo a seu aprendiz*. Trad. Mateus Soares de Azevedo. Petrópolis: Vozes, 1994.

Huysmans, Joris-Karl. *The Damned (Là-Bas)*. Trad. Terry Hale. Londres: Penguin Classics, 2002.

Schaff, Philip (org.). *St. Augustin's: City of God and Christian Doctrine*. Nicene and Post-Nicene Fathers First Series Volume 2; Edimburgo: T&T Clark; Michigan: Eerdmans Publishing Company, 1887. www.ccel.org/ccel/schaff/npnf102.html

Aquino, Tomás de. *Suma teológica*. Coord. e trad. Josaphat Pinto de Oliveira, OP et al., 9 vols. São Paulo: Loyola, 2009. www.newadvent.org/summa

Josefo. *Antiquities of the Jews*, in *The Works of Josephus, Complete and Unabridged New Updated Edition*, trad. William Whiston, AM. Peabody, MA: Hendrickson Publishers, 1987. www.ccel.org/ccel/josephus/works/files/ works.html

Capítulo 8. A luta com os anjos

Beardsley, Doug. *Wrestling with Angels: New and Selected Poems 1960-1995*. Montreal e Quebec: Vehicule, 1995.

Blazer, Phil; Portnoy, Sherry. *Wrestling with the Angels: A History of Jewish Los Angeles*. Encino, CA: Blazer Communications, 2006.

CHESTERTON, G.K. *Orthodoxy*. São Francisco: Ignatius, 1995.

CLAYTON, John J. *Wrestling with Angels: New and Collected Stories*. New Milford, CT: Toby Press, 2007.

COPPOCK, Marjorie. *Wrestling with Angels: The Sexual Revolution Confronts the Church*. Eugene, OR: ACW Press, 2003.

KAUFFMANN, Jean-Paul. *The Struggle with the Angel: Delacroix, Jacob, and the God of Good and Evil*. Nova York: Four Walls Eight Windows, 2002.

KING, Michael. *Wrestling with the Angel: A Life of Janet Frame*. Auckland: Penguin, 2000.

KÜBLER-ROSS, Elisabeth. *Sobre a morte e o morrer*. Trad. Paulo Menezes. São Paulo: Martins Fontes, 2008.

LUZ, Ehud. *Wrestling with an Angel: Power, Morality, and Jewish Identity*. Trad. Michael Swirsky. New Haven: Yale University Press, 2003.

MURDOCH, Iris. *The Time of the Angels*. Londres: Vintage, 2002.

PULLMAN, Philip. *A luneta âmbar*. Trad. Ana Deiró. Rio de Janeiro: Objetiva, 2009.

WILLIAMS, Rowan; HIGTON, Mike. *Wrestling with Angels: Conversations in Modern Theology*. Londres: SCM Press, 2007.

LEITURAS COMPLEMENTARES

Fontes originais

Um bom lugar para começar outras leituras adicionais são as fontes originais dos relatos e especulações sobre os anjos. Esta introdução incluiu muitas referências às Escrituras judaicas, ao Novo Testamento e ao Alcorão, de modo que o leitor pode prosseguir nessa leitura. Também vale a pena pesquisar a Bíblia e o Alcorão, pois existem várias versões disponíveis na internet. Duas merecem menção: a Blue Letter Bible (www.blueletterbible.org) e Quran Search em IslamiCity (www.islamicity.com/QuranSearch). São muito úteis, pois incluem a língua original e várias traduções em inglês.

Não há nenhuma versão do Talmude para pesquisar na rede, mas encontram-se muitas referências ao Talmude no excelente artigo de Ludwig Blau e Kaufman Kohler, "Angelology", in Cyrus Adler (org.), *The Jewish Encyclopedia* (Nova York: Funk and Wagnalls, 1906-10), *www.jewishencyclopedia.com/view.jsp?letter=A&artid=1521*.

É possível também procurar as referências numa versão do Talmude na rede, em *www.come-and-hear.com/talmud*.

Nas Referências, demos preferência a versões de textos disponíveis online. Mas as edições mais recentes e com maior aparato crítico não estão em domínio público. Para leituras complementares, ver:

CHARLESWORTH, James (ed.). *The Old Testament Pseudepigraha*, vol. I. *Apocalyptic Literature and Testaments*. New Haven: Yale University Press, 1983.

___, *The Old Testament Pseudepigraha*, vol. II. *Expansions of the 'Old Testament' and Legends, Wisdom and Philosophical Literature, Prayers, Psalms and Odes, Fragments of lost Judeo-Christian Works*. New Haven: Yale University Press, 1985.

Dionysius. *Pseudo Dionysius: The Complete Works*. Trad. Paul Rorem. Classics of Western Spirituality; Nova York: Paulist Press, 1988.

Aquino, Tomás de. *Summa Theologiae*, vol. IX. *Angels: 1ª. 50-64*, trad. Kenelm Foster. Cambridge: Cambridge University Press, 2005.

___, *Summa Theologiae*, vol. XV. *The World Order: 1ª. 110-119*, trad. M. J. Charlesworth. Cambridge: Cambridge University Press, 2005.

Chase, Steven (org.). *Angelic Spirituality: Medieval Perspectives on the Ways of Angles*. Classics of Western Spirituality. Nova York: Paulist Press, 2002.

Anjos na arte e na literatura
Para discussões acadêmicas sobre os anjos na arte, ver:

Dempsey, Charles. *Inventing the Renaissance Putto*. Chapel Hill, NC: University of North Carolina Press, 2001.

Peers, Glenn. *Subtle Bodies: Representing Angels in Byzantium*. Berkeley, CA, e Londres: University of California Press, 2001.

Gormley, Antony. *Making an Angel*. Londres: Booth Clibborn, 1998.

Martin, Therese. "The Development of Winged Angels in Early Christian Art", in *Espacio, Tiempo y Forma, Serie VII, Historia del Arte*, 14 (2001), 11-30.

Há também coletâneas de pinturas de anjos, com comentários:

Buranelli, Francesco; Dietrick, Robin. *Between God and Man: Angels in Italian Art*. Jackson, MS: University Press of Mississippi, 2007.

Geogr, Rosa. *Angels and Demons in Art*. Trad. Rosanna Gianmanco Frongia. Oxford: Oxford University Press, 2005.

Underhill, James. *Angels*. Shaftesbury e Rockport, MA: Element 1995.

A coletânea de Peter Lamborn Wilson, *Angels*. Londres: Thames and Hudson, 1980, inclui deliberadamente seres de tipo angelical de outras tradições.

Levantamentos gerais de arte sacra também incluem discussões sobre anjos. Por exemplo:

DILLENBERGER, John. *A Theology of Artistic Sensibilities: The Visual Arts and the Church*. Londres: SCM Press, 1987.

Para mais materiais sobre anjos na literatura, ver:

JEFFREY, David. *A Dictionary of Biblical Tradition in English Literature*. Grand Rapids: MI: Wm B. Eerdmans Publishing Company, 1993.

WEST, Robert. "Angels", in William B. Hunter, Jr. (ed. Geral), *A Milton Encyclopedia*. Londres: Associated University Press, 1978, 48-51.

___, *Milton and the Angels*. Athens, GA: University of Georgia Press, 1955.

Angelologia

Duas obras muito eruditas sobre a história das crenças em anjos são:

KECK, David. *Angels and Angelology in the Middle Ages*. Oxford: Oxford University Press, 1998.

MARSHALL, Walsham e P. *Angels in the Early Modern World*. Cambridge: Cambridge University Press, 2006.

Sobre a representação de Jesus como anjo, ver:

BARKER, Margaret. *The Great Angel: A Study of Israel's Second God*. Louisville, KY: Westminster John Knox Press, 1992.

GIESCHEN, Charles. *Angelomorphic Christology: Antecedents and Early Evidence*. iden, Boston e Colônia: Brill, 1998.

CARRELL, Peter. *Jesus and the Angels: Angelology and the Christology of the Apocalypse of John*. Cambridge: Cambridge University Press, 1997.

Para os interessados na teologia cristã dos anjos, ver:

RAHNER, Karl. "Angels", in Karl Rahner (org.), *Encyclopedia of Theology: The Concise Sacramentum mundi*. Londres e Nova York: Continuum International Publishing Group, 1975.

ERNST, Cornelius. "How to See an Angel", in *Multiple Echo: Explorations in Theology*. Londres: Darton Longman and Todd, 1979.

WILLIAMS, Peter. *The Case for Angels*. Carlisle: Paternoster, 2002.

Há também uma série de obras cristãs mais populares sobre os anjos:

WILLIAMS, Jane. *Angels*. Oxford: Lion Publishing, 2006.

GRAHAM, Billy. *Angels: God's Secret Agents*. Londres: Hodder and Stoughton, 2004.

ISRAEL, Martin. *Angels: Messengers of Grace*. Londres: SPCK, 1995.

BOROS, Ladislau. *Angels and Men*. Nova York: Seabury Press, 1976.

Para obras muçulmanas e judaicas sobre anjos, ver, por exemplo:

KABBANI, Shaykh Muhammad Hisham. *Angels Unveiled: A Sufi Perspective*. Chicago: Kazi Publications, 1996.

Ronald H. Isaacs, *Ascending Jocob's Ladder: Jewish Views of Angels, Demons, and Evil Spirits*. Northvale, NJ: Jason Aronson, 1997.

Sobre Satã, ver a história em cinco volumes de Jeffrey Burton Russell:

The Devil: Perceptions of Evil from Antiquity to Primitive Christianity. Ithaca, NY: Cornell University Press, 1977.

Satan: The Early Christian Tradition. Ithaca, NY: Cornell University Press, 1981.

Lucifer: The Devil in the Middle Ages. Ithaca, NY: Cornell University Press, 1984.

Mephistopheles: The Devil in the Modern World. Ithaca, NY: Cornell University Press, 1986.

The Prince of Darkness: Radical Evil and the Power of Good in History. Ithaca, NY: Cornell University Press, 1988.

E para os interessados em exorcismo:

MARTIN, Malachi. *Hostage to the Devil: The Possession and Exorcism of Five Living Americans*. São Francisco: Harper San Francisco, 1992.

Outras observações

Este livro nasceu de uma aula inaugural, David Albert Jones, "Angels as a Guide to Ethics", *Pastoral Review*, 4/1 (jan.-fev. 2008), 11-16.

Mortimer Adler também afirma que a ideia dos anjos é útil na filosofia para evitar falácias angélicas; ver *The Angels and Us*. Nova York: Macmillan Publishing, 1982.

Numa linha ligeiramente diversa, John Cornwell utiliza o anjo da guarda como recurso literário para apresentar uma crítica polida a Dawkins, *Darwin's Angel: An Angelic Riposte to 'The God Delusion'*. Londres: Profile Books Ltd, 2008.

ÍNDICE DAS CITAÇÕES BÍBLICAS E CORÂNICAS

Bíblia

Gênesis 1: 1 45
Gênesis 1: 2-2: 3 44
Gênesis 1: 3 48
Gênesis 1: 27 127
Gênesis 1: 28 128
Gênesis 1: 31 106
Gênesis 2: 7 44
Gênesis 3: 1 111
Gênesis 3: 24 .... 16, 37
Gênesis 6: 1 117
Gênesis 16: 11 75
Gênesis 16-17 82
Gênesis 18: 1-5 13
Gênesis 18: 2 .... 15, 27, 39
Gênesis 18: 10 .... 57, 75
Gênesis 28: 11-12 82
Gênesis 32: 24-30 123
Gênesis 32: 25 123
Êxodo 3: 2 .... 47, 59
Êxodo 3: 14 59
Êxodo 19: 16 87
Êxodo 20: 4 25
Êxodo 25: 18 16
Êxodo 25: 20 27
Êxodo 25: 20-21 25
Êxodo 40: 34 87
Levítico 16: 2 87
Levítico 16: 10 117
Deuteronômio 32: 8 18
Juízes 6: 11-14 59
Juízes 6: 19-22 47
Juízes 13: 3 75
Juízes 13: 16 67
Juízes 18: 1 15
Juízes 19: 1 15

Juízes 21: 25 15
Josué 5: 13-15 15
2 Samuel 22: 11 27
1 Reis 6: 24 .... 25, 37
1 Reis 22: 19 16
2 Reis 2: 11 47
2 Reis 19: 35 78
Jó 1: 6 43
Salmos 8 66
Salmos 8: 5 128
Salmos 18: 10 27
Salmos 33: 2 30
Salmos 57: 8 30
Salmos 71: 22 30
Salmos 81: 2-3 30
Salmos 91: 11 74
Salmos 92: 3 30
Salmos 103: 20 94
Salmos 104: 3 27
Salmos 104: 4 47
Salmos 148 30
Eclesiastes 11: 5 76
Isaías 6: 1-3 91
Isaías 6: 2 .... 16, 27
Isaías 6: 3 94
Isaías 9: 6 64
Isaías 14: 12 111
Ezequiel 10 37
Ezequiel 10: 14 26
Ezequiel 1: 4-28 86
Ezequiel 1: 10 26
Daniel 7: 10 96
Daniel 8: 15-16 60
Daniel 9: 21 60
Daniel 10: 13 99
Daniel 10: 21 99

Daniel 12: 1	99
Tobias 2: 10	71
Tobias 3: 8	71
Tobias 3: 17	71
Tobias 6: 1-2	128
Tobias 6: 17	120
Tobias 12: 15	17, 74
Tobias 12: 19	55
Mateus 18: 10	19, 74
Mateus 22: 30	41, 55
Mateus 25: 40	81
Mateus 28: 3	28
Marcos 1: 23-27	119
Marcos 3: 22	120
Marcos 3: 23	120
Marcos 5: 9	119
Marcos 5: 13	119
Marcos 5: 15	119
Marcos 9: 18	121
Marcos 16: 5	27, 28, 39
Lucas 1: 13	75
Lucas 1: 19	61, 74
Lucas 1: 26-31	75
Lucas 1: 26-38	19
Lucas 2: 13	30
Lucas 16: 22	15, 77, 79
Lucas 20: 36	77
Lucas 24: 39	41
João 1: 14	66
João 1: 51	84
Atos 17: 34	90
Romanos 8: 38	90
2 Coríntios 12: 2	90
Gálatas 4: 14	57
Efésios 3: 10	90
Efésios 6: 11-12	106
Efésios 6: 12	20
Colossenses 1: 16	90
Colossenses 2: 18	67
Hebreus 1: 14	41
Hebreus 2: 16	67
Hebreus 13: 2	13, 80
1 Pedro 3: 22	90
Judas 9	19, 99
Judas 14-15	17
Apocalipse 4	30
Apocalipse 4: 8	30, 91
Apocalipse 5: 11	96
Apocalipse 8: 2	29
Apocalipse 12: 4	97
Apocalipse 12: 7	19, 99
Apocalipse 12: 7-12	104
Apocalipse 12: 9	112
Apocalipse 14: 2	31
Apocalipse 14: 19-20	78
Apocalipse 15: 2	31
Apocalipse 22: 8-9	68

Alcorão

2: 102	114
2: 275	120
2: 34	108, 111
2: 97	21, 63
2: 98	99
3: 38-47	62
3: 39	62, 75
3: 45	21, 62, 75
3: 95	20
6: 9	41
7: 11-12	67, 108
7: 12	111
7: 20	112
7: 54	44
10: 3	44
11: 7	44
15: 26	44
15: 28-31	108

18: 50 111	38: 71-4 108
19: 2-21 62	39: 68 29
19: 4 62	43: 19 41
19: 19 62	50: 17 75
20: 116 108	51: 24 21
25: 59 44	51: 24-8 14
26: 193 63	51: 28 57
32: 7 44	51: 29 58
35: 1 28	72 110
37: 150 41	72: 11 110

ÍNDICE REMISSIVO

A

Abba 96
abraâmicos 57, 75, 78, 111
Abraão 13-15, 19-21, 23-24, 27, 39, 41, 47, 55, 57-59, 61, 67, 70, 72, 75, 77, 80-82, 86, 119, 123, 129-130
Adão 44-45, 67, 108, 111-112
adufe 30
afrescos 27, 31
Agostinho de Hipona 48, 68
alaúdes 30
Alexandre, o Grande 105
alienígenas 86-88
Alighieri, Dante 20, 85, 91, 92, 108
Al-Tabari 45
Alucinações do passado 85
Amesha Spentas 21
amuletos 26, 72, 73
Angelico, Fra 33, 62
anjo da morte 78, 79
Anjo de Miss Garnet, O 72
Anjo do Grande Conselho 64-65
Anjo do Norte 36-37
anjo do Senhor 59, 67, 78
anjo registrador 75
anjos da guarda 21, 74, 76, 92, 97
Anselmo da Cantuária 108
apócrifos 72, 105
Appleyard, Bryan 87
Aquino, Tomás de 10, 20, 45, 49, 51-52, 54-57, 68, 76, 91-92, 96-98, 103, 108-109, 111, 113-114, 118
Arabot 75
arca da aliança 16
arcanjos 17, 20-22, 28, 63, 89, 90-91, 99, 103
arelim 90
Aristóteles 49, 51-52, 87, 98, 105
árvore de Natal 34
Asas 26
Asas do desejo, As 126
Asmodeus 120
assento da misericórdia 25, 26
auréolas 9, 15, 26-29, 31-33, 95
Avicena 51
Azazel 117
Azrael 79

B

Babilônia 16-17, 21, 74, 93
Bach, Johann Sebastian 96
bandolins 30
báquicas, festas 37
barroco 34, 39
Bebê de Rosemary, O 118
Belzebu 120
Beneditinos 85
Bergman, Ingmar 79
Bernini, Giovanni 34, 39-40
bizantinos 29, 32, 38
Black Sabbath 116
Blake, William 20, 35, 70, 83
Boaventura 103

bode expiatório 117
Boécio, Anício Mânlio Severino 51
boticários 73
Buonarroti, Michelangelo 33

C

Cabala 19, 24, 120
cadeia do ser 88, 128
Cage, Nicholas 9
Caim 118
Calcedônia 65
cão 71, 72, 128
Carlyle, Thomas 85
Cartas de um diabo a seu aprendiz 113
carteiros 63
Castel Sant'Angelo 103
catacumbas 31
ceifeiro sinistro 78-79
celtas 24, 31
Chagall, Marc 124
Charlie's Angels (*As panteras*) 42
Chesterton, G.K. 129
Clemente de Alexandria 75
Clubes do Inferno 115
Collins, Phil 85
Constantino 31, 38, 100
cornetas 30
crianças 37-39, 41, 75, 77, 114, 119
Criança trocada ao nascer 118
Cupido 37, 39

D

daimons 49-50
Day, Dorothy 80-81, 126
Dee, John 114

Delacroix, Eugène 124
demoníaco 106, 116
demônio 50, 71, 105-106, 110, 113, 117-121
Descartes, René 87
devas 22
Dez Mandamentos 16, 25, 87, 90
diabolos 110
di Bondone, Giotto 32
Dionísio, papa 20, 37, 56, 90-93, 96, 98, 103
D'Israeli, Isaac 98
djinn 21, 47, 109, 111
docetismo 65
dominações 20
Donatello 38
Dryden, John 85

E

Eleazar 120
Elgar, Edward 79
Enoque 17, 21, 79, 89, 117
Epifânio, Antíoco 105
epilepsia 121
Epstein, Jacob 124
Eros 27, 37, 39, 40
Erotes 37-38
escada de Jacó 82-86, 88-89
escada para o céu 86
esfinge 25
eslava 72, 89
esquizofrenia 121
essênios 18, 19
eterealização 41
Eva 111-112
exorcismo 120-121
Exorcista, O 121

extraterrestres 86, 88
Ezequiel 26, 29, 37, 67, 70, 86-87, 89, 93

F

faravahar 22
farmacêuticos 73
faunos 118
Felicidade não se compra, A 126-127
Feuerbach, Ludwig 128
Fílon 49-50, 56, 83
flautas 30
Fox, Matthew 98
Frame, Janet 124
Francisco de Assis 65
francos 31
fravashis 21-24

G

Gabriel 17, 19, 21, 28, 33, 40, 60-61, 63, 65, 72-74, 97, 100, 123
Gaiman, Neil 118
Gauguin, Paul 124-125
Gideão 47, 59
gnóstico 69
godos 31
Gormley, Antony 36
Grant, Cary 9
Gregório, o Grande 92, 103
grifos 25
Guerra Mundial 35, 100

H

Hadith 28, 44, 47, 73
Hajj 20
Harut 21, 114
hashmallim 90

hayyot 90
Heathcote-James, Emma 69, 70
Heidegger, Martin 78
Hells Angels 116
hierarquia 16, 20, 39, 74, 88-93, 97, 103
Hilton, Walter 85
hinduísmo 21-23
Huysmans, Joris-Karl 115

I

Íblis 21, 44, 108, 110-111
Ibn Sina 51-52, 56-57
iconoclastas 32
íncubo 118
Israfil 73

J

Jacó 13, 19, 58, 82-86, 88-89, 123-125
Jeremiel 17
Jerônimo 76
Jesus 15, 18-21, 26-30, 34, 41, 55, 59-66, 74, 75, 77, 79, 81, 84-85, 89-90, 117, 119, 120
Jibril 21, 100
Jó 16-17, 43, 112
Joana d'Arc 100-101, 114
João Batista 61-62, 75
Josefo 18, 26, 120
Jubileus 117
Judas Macabeu 105
Judas Priest 116

K

Kadosh, Kadosh, Kadosh 94
Kandinsky, Wassily 35

Kelly, Edward 114
Klee, Paul 35-36, 53, 124
Kübler-Ross, Elisabeth 126
Kushner, Tony 124

L

Laterano 45, 57, 106
Leão 102
Le Doeuff, Michele 42
Led Zeppelin 86
liturgia 93-94, 96, 100
lombardos 100
Lúcifer 111
LXX 18, 128

M

macabeus 17, 44
Macmillan, James 96
Magia 113
mahadevas 22, 23
Maimônides, Moisés 20, 51-52, 56-57, 72, 90, 98
makon 90
Malak al-Maut 79
Manoá 67
Maomé 28, 44, 63-64, 97, 100, 120
maon 90
Maria 19, 21, 28, 31-32, 39, 61-63
Marquês de Sade 115
Martinho de Tours 81, 126
Mártir, Justino 65
Marut 21, 114
Maurin, Peter 80
Mayr-Harting, Henry 41
Messias 19, 21, 62, 64
Micaías 16
Midrash 55, 76, 108

Miguel 17, 19, 21, 28, 40-41, 67, 72-73, 99, 100-105, 119
Mikhail 100
Mil e uma noites, As 72, 109
Milton, John 20, 51, 56, 91-92
Moisés ha-Darshan 108
Mons 100
Moreau, Gustave 124
mosaicos 27-28, 31
Movimento Operário Católico 80
Mozart 96
Murdoch, Iris 129
Musas 42

N

Naftáli 71
napolitanos 100
NASA 86, 98
Natanael 84
Nephilim 117
Newman, John Henry 79
Newton, Isaac 87
Niceno 45
Niké 27, 41-42
Nilo 103
Niven, David 85
nous 91
numinoso 87

O

ofanim 90
ombro 113
Orígenes 50-51
Orleans 101-102
Osbourne, Ozzy 116
Otomanos 26
Otto, Rudolf 87

P

Palestrina 96
Pascal, Blaise 87
peixe 71-72, 120
Pérsia 26
Peste Negra 78, 79
Platão 48-51, 78, 83, 99
policiais 103
possessão 119-121
potestades 20, 89-92, 106
Pratchett, Terry 118
pré-rafaelitas 35
principados 20, 89-92, 106
Profecia, A 118
psyche 91
Pullman, Philip 22, 106, 128
putti 34, 37-39, 41

Q

querubins 9, 10, 16, 20, 25-27, 29, 31, 34, 37-39, 67, 87, 89-91, 93

R

Rafael (arcanjo) 17, 19, 36, 40, 71-74, 83, 102, 120, 123, 128
Rafael (pintor) 33
Raguel 17, 71
Rais, Gilles de 114-116
rakia 90
Redon, Odilon 124
reencarnação 50, 84
Reforma 27, 33-34, 68, 115
Remiel 17
Renascimento 29, 33-35, 38, 41
ressurreição 77

Rilke, Rainer Maria 39
Robbins, Tim 85
rococó 34
rodas 89
Rublev, Andrei 13-14, 32
Russell, Bertrand 128
Rússia 32, 102

S

saduceus 18
Salomão 25-26, 86, 120
Samhazai 117
sanctus 94, 96
Santa Ceia 94
Santa Maria Maior 28, 31
Santo, santo, santo 30, 91, 94
sarça ardente 47, 58, 59
sarcófagos 27, 31, 37
Satã 17-18, 102, 104, 108, 110-113, 120, 122
Satanismo 115
sátiros 118
Septuaginta 18, 64, 66, 72
ver LXX
serafins 20, 27, 29-31, 89-91
serpente 104, 111-112
Sétimo selo, O 79
sexo dos anjos 10, 39
Shaitan 21, 110
shedu 25, 26
shehakim 90
Snakes and ladders (*Cobras e escadas*) 85
sonho de Gerontius 79
súcubos 118
Summa Theologiae (*Suma teológica*) 97

T

Talmude 18-19, 27, 44-45, 47, 60, 63, 67, 72, 75, 90, 94, 108-109, 113, 117
tambores 30
telecomunicações 63
Templo 25-26, 37, 86-87, 91, 93-94
tempo de anjos 127, 129-130
Teresa de Ávila 34, 38
Tertuliano 27
Testamento de Levi 89
tetramórficos 37
Tobias 17, 21, 55, 71-74, 89, 120, 128
Tobit 71
Tourette, síndrome de 121
Travolta, John 9
Trento 34
Trindade 13-14, 91
trombeta 29-30
tronos 20, 90-91

U

Uriel 17, 114

V

van Eyck, Jan 30, 33, 95
van Rijn, Rembrandt Harmenszoon 124
velon 90
Veneza 72
Vickers, Salley 72
violas 30
virtudes 20, 91-92
vitrais 9, 27
von Däniken, Eric 86

W

Washington, Denzel 9
Wesley, John 84
White, Lynn Townsend 127-128
Williams, Robbie 96
Williams, Rowan 124
Wittgenstein, Ludwig 114

Z

Zacarias 60-62
Zaraquiel 17
zebul 90
Zeus 43
Zohar 19
zoroastrismo 21-23, 74

Lista de Ilustrações

1   Cena de Natal / ©AfriPics.com/Alamy / 10

2   Andrei Rublev, *A hospitalidade de Abraão ou A Santíssima Trindade* / © akg-images/Bildarchiv Steffens / 14

3   Faravahar / ©dbimages/Alamy / 23

4   Mosaico na Igreja de Santa Maria Maior / © Fotolibra 2005-2009/Andrea Matone / 28

5   Antony Gormley, *Anjo do Norte* / © Laurent Dambies/Fotolia.com / 36

6   Bernini, *Êxtase de Santa Teresa* / © Bildarchiv Monheim GmbH/Alamy / 40

7   Anjos islâmicos / © Photolibrary/Imagstate/The British Library / 46

8   Paul Klee, *Vergesslicher Engel* (*Anjo esquecido*) / © DACS 2011 / 53

9   Fra Angelico, *A Anunciação* / © akg-images/Erich Lessing / 62

10 Três arcanjos / © akg-images/Electa / 73

11 Lápide com anjo / © Martine Berg/Fotolia.com / 78

12 William Blake, *Escada de Jacó* / © The Gallery Collection/Corbis / 83

13 Van Eyck, *Anjos* / © The Bridgeman Art Library / 95

14 Joana d'Arc / © AKG images / 101

15 Hells Angels / © Bettmann/CORBIS / 116

16 Gauguin, *Jacó e o anjo* / © National Gallery of Scotland, Edimburgo, Escócia/The Bridgeman Art Library / 125

17 *It's a Wonderful Life* / © RKO/The Kobal Collection / 127

Os russos estão na Coleção L&PM POCKET

Dostoiévski, Tchékhov, Turguêniev, Gogol, Anna Akhmátova, Tolstói

WALTER RISO

Mais de 2 milhões de livros vendidos em todo o mundo

L&PM EDITORES

Poesias, contos todos os romances em mais de 20 títulos

L&PM EDITORES

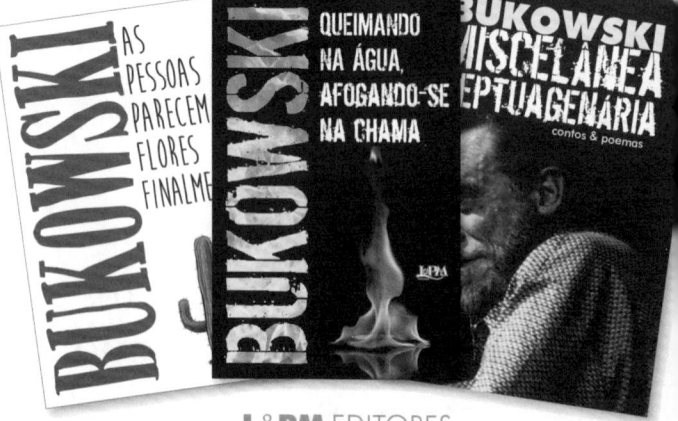

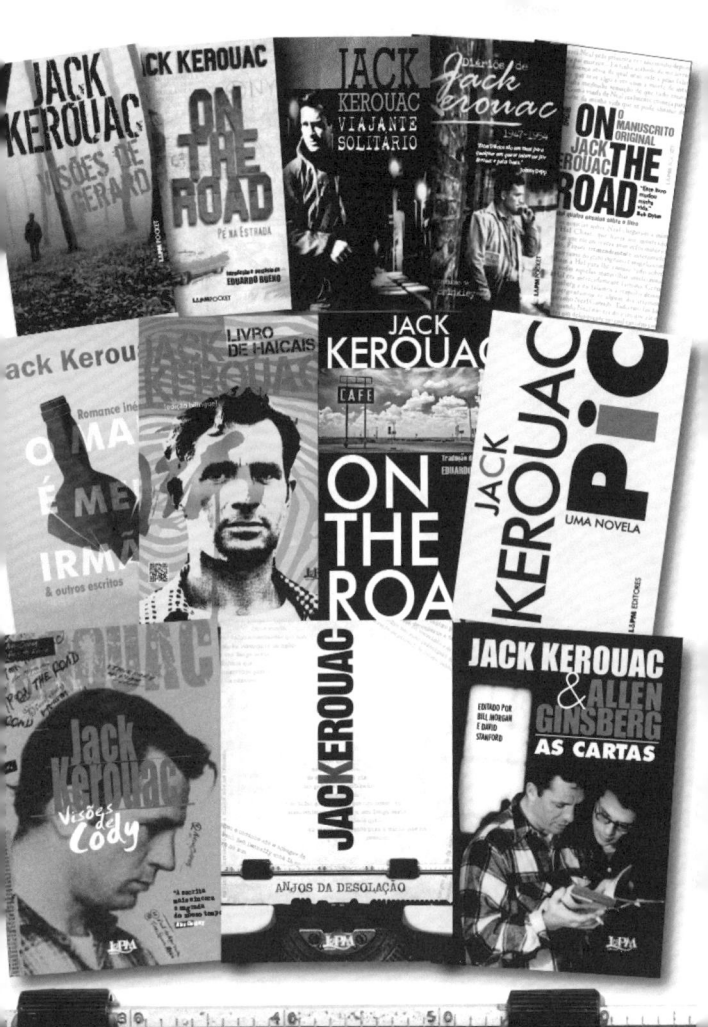

Kerouac para todos os gostos: romances, haicais, peças, cartas e o clássico dos clássicos, *On the Road*

L&PM EDITORES

Miss Marple

Agatha Christie

- A MALDIÇÃO DO ESPELHO
- CONVITE PARA UM HOMICÍDIO
- NÊMESIS
- UM CRIME ADORMECIDO: O ÚLTIMO CASO DE MISS MARPLE
- TESTEMUNHA OCULAR DO CRIME
- O CASO DO HOTEL BERTRAM

© 2016 Agatha Christie Limited. All rights reserved.

L&PMPOCKET

Poirot 100 anos

Agatha Christie

- MORTE NA MESOPOTÂMIA
- POIROT PERDE UMA CLIENTE
- OS QUATRO GRANDES
- CAI O PANO: O ÚLTIMO CASO DE POIROT
- OS CRIMES ABC
- O NATAL DE POIROT

L&PMPOCKET

Agatha Christie
EM TODOS OS FORMATOS
AGORA TAMBÉM EM FORMATO TRADICIONAL (16x23)

Autobiografia

MISS MARPLE – todos os romances – Primeiro volume
- Assassinato na casa do pastor
- Um corpo na biblioteca
- A mão misteriosa
- Convite para um homicídio

POIROT – Quatro casos clássicos
- Tragédia em três atos
- Cipreste triste
- Morte na praia
- A mansão Hollow

MISTÉRIOS DOS ANOS 30
- O mistério Sittaford
- Por que não pediram a Evans?
- É fácil matar

MISTÉRIOS DOS ANOS 40
- M ou N?
- Hora Zero
- Um brinde de cianureto
- A Casa Torta

MISTÉRIOS DOS ANOS 50
- Aventura em Bagdá
- Um destino ignorado
- Punição para a inocência
- O Cavalo Amarelo

MISTÉRIOS DOS ANOS 60
- Noite sem fim
- Um pressentimento funesto
- Passageiro para Frankfurt
- Portal do destino

© 2016 Agatha Christie Limited. All rights reserved.

L&PM EDITORES

L&PM POCKET MANGÁ

Mitsuru Adachi — Aventuras e meninos
Inio Asano — Solanin 1
Inio Asano — Solanin 2
Mohiro Kitoh — Fim de Verão

- **SHAKESPEARE** — HAMLET
- **SIGMUND FREUD** — A INTERPRETAÇÃO DOS SONHOS
- **F. SCOTT FITZGERALD** — O GRANDE GATSBY
- **FIÓDOR DOSTOIÉVSKI** — OS IRMÃOS KARAMÁZOV
- **MARCEL PROUST** — EM BUSCA DO TEMPO PERDIDO
- **MARX & ENGELS** — MANIFESTO DO PARTIDO COMUNISTA
- **FRANZ KAFKA** — A METAMORFOSE
- **JEAN-JACQUES ROUSSEAU** — O CONTRATO SOCIAL
- **SUN TZU** — A ARTE DA GUERRA
- **F. NIETZSCHE** — ASSIM FALOU ZARATUSTRA

IMPRESSÃO:

Pallotti
GRÁFICA EDITORA
IMAGEM DE QUALIDADE

Santa Maria - RS - Fone/Fax: (55) 3220.4500
www.pallotti.com.br